JN073998

働き方マネージャー 認定試験

公式精選過去問題集

Work Life Balance

■試験概要

1. **受験資格** … 国籍、年齢等に制限はありません。

2. **受験会場**
   主な受験地　札幌　仙台　東京　埼玉　千葉　横浜　名古屋　津　京都　大阪　広島　福岡　沖縄
   ※実施回により変更の可能性があります。

3. **試験日程** … 年4回（年度により実施日は異なります。）

4. **試験時間** … 120分

5. **試験形態** … マークシート方式

6. **出題内容および合格基準**
   出題内容は次ページ表をご参照ください。
   合格基準：全体の70%以上の正答

7. **受 験 料** … 10,000円（税抜）
   〔団体割引について〕
   　試験を10名以上同時申込みされますと、団体割引が適用されます。
   　10〜19名 … 8%割引　　20〜99名 … 10%割引　　100名以上 … 15%割引
   　※31名以上同時申込みをご希望の場合は下記までお電話ください。

8. **申込方法**
   インターネットでお申込みの場合 … 下記アドレスよりお申し込みください。
   http://www.joho-gakushu.or.jp/web-entry/siken/
   郵送でお申込の場合 … 下記までお問合せ下さい。

お問合せ先

一般財団法人　全日本情報学習振興協会

東京都千代田区神田三崎町3 7 12　清話会ビル
TEL：03-5276-0030　FAX：03-5276-0551
http://www.joho-gakushu.or.jp/

■出題内容

内容		
1　我が国の経済社会の現状と働き方改革	1）総則	
	2）一億総活躍社会	
	3）人口高齢化	
	4）子どもを産み育てやすい環境づくり	
	5）ワーク・ライフ・バランスとその取り組み	
2　テーマごとにみる働き方改革	1）働き方改革	
	2）非正規雇用労働者の処遇改善	
	3）賃金引上げと労働生産性向上	
	4）長時間労働の是正	
	5）柔軟な働き方がしやすい環境整備	
	6）病気の治療、子育て・介護等と仕事の両立、障害者就労の推進	
	7）外国人労働者	
	8）女性・若者が活躍しやすい環境整備	
	9）雇用吸収力の高い産業への転職・再就職支援	
	10）高齢者の就業促進	
3　労働法総論	1）労働法の意義と沿革など	
	2）憲法上の基本規定	

内容	
4　個別的労働関係法	1）労働契約の意義と特色
	2）個別的労働関係の成立
	3）就業規則の意義と効力
	4）労働条件の明示
	5）労働契約の解除
	6）懲戒
	7）労使紛争の解決
5　労働関係の展開	1）基本的法規制
	2）賃金
	3）労働時間・休暇
	4）安全衛生（ストレスチェック制度など）
	5）人事
6　労働市場の一般施策	1）労働市場政策
	2）失業者に対する雇用保険の給付
7　団体的労使関係法	1）労働組合
	2）団体交渉
	3）労働協約

※出題内容は変更となる場合があります。

我が国の経済社会の現状に関する以下のアからエまでの記述のうち、最も適切ではないものを1つ選びなさい。

ア. 2019年平均の完全失業率は2.4%で、10年連続の減少となった。

イ. 労働力人口は、7年連続で減少しており、2019年平均で6,897万人となっている。

ウ. 2018年平均の有効求人倍率は1.61倍と、前年に比べて上昇したのに対し、有効求職者は3.8%減となった。

エ. 2019年平均の就業率は60.6%と、前年に比べ0.6ポイント上昇し、7年連続の上昇となった。

解　説

本問は、経済社会の現状についての理解を問うものである。

ア　正しい。　2019年平均の完全失業率は2.4%で、10年連続の減少となった。従って、本記述は正しい。

イ　誤　り。　労働力人口（15歳以上人口のうち、就業者と完全失業者を合わせた人口）は、2019年平均で6,897万人と、**前年に比べ58万人の増加（7年連続の増加）**となった。男女別にみると、男性は3,826万人と12万人の増加、女性は3,070万人と45万人の増加となった。従って、本記述は誤っている。

ウ　正しい。　2018年平均の有効求人倍率は1.61倍となり、前年の1.50倍を0.11ポイント上回った。また、2018年平均の有効求人は前年度に比べ3.1%増となり、有効求職者は3.8%減となった。従って、本記述は正しい。

エ　正しい。　2019年平均の就業率は60.6%と、前年に比べ0.6ポイント上昇（7年連続の上昇）した。従って、本記述は正しい。

解答　イ

問題 002

「経済財政運営と改革の基本方針 2018」における日本経済の潜在成長率の引上げに関する次の文章中の（　　）に入る適切な語句の組合せを、以下のアからエまでのうち1つ選びなさい。

　少子高齢化の進行、人手不足の高まりの中で、潜在成長率を引き上げ、経済成長の壁を打ち破っていくためには、サプライサイドを抜本強化するための改革が何よりも重要である。労働力の面においては、女性が子育てをしながら働ける環境や高齢者が意欲をもって働ける環境を整備することにより、更なる労働参加の促進を図り、これを所得の向上、消費の拡大につなげるとともに、（　a　）における外国人材の受入れを進める。

　加えて、一人ひとりが生み出す付加価値を引き上げていく観点から、AI、センサー、IoT、ロボットといった（　b　）産業革命による技術革新について中小企業を含む広範な生産現場への浸透を図るなど企業の前向きな設備投資を引き出す取組が必要である。

　あわせて、2020年東京オリンピック・パラリンピック競技大会前後の需要変動を乗り越え、（　c　）を継続的に拡大させ、成長力あふれるアジアの中間層を取り込むなど、中長期的に持続的な成長基盤を構築していく観点から、「Society 5.0」の社会実装を含む波及効果の大きい投資プロジェクトを計画的に実施していくことが重要である。

ア. a. 専門的・技術的分野　　b. 第4次　　c. インバウンド
イ. a. 専門的・技術的分野　　b. 第3次　　c. 貿易黒字
ウ. a. 建設分野　　b. 第4次　　c. 貿易黒字
エ. a. 建設分野　　b. 第3次　　c. インバウンド

本問は、日本経済の潜在成長率の引上げについての理解を問うものである。

潜在成長率の引上げについて

> 　少子高齢化の進行、人手不足の高まりの中で、潜在成長率を引き上げ、経済成長の壁を打ち破っていくためには、サプライサイドを抜本強化するための改革が何よりも重要である。労働力の面においては、女性が子育てをしながら働ける環境や高齢者が意欲をもって働ける環境を整備することにより、更なる労働参加の促進を図り、これを所得の向上、消費の拡大につなげるとともに、（**a．専門的・技術的分野**）における外国人材の受入れを進める。
>
> 　加えて、一人ひとりが生み出す付加価値を引き上げていく観点から、AI、センサー、IoT、ロボットといった（**b．第4次**）産業革命による技術革新について中小企業を含む広範な生産現場への浸透を図るなど企業の前向きな設備投資を引き出す取組が必要である。
>
> 　あわせて、2020年東京オリンピック・パラリンピック競技大会前後の需要変動を乗り越え、（**c．インバウンド**）を継続的に拡大させ、成長力あふれるアジアの中間層を取り込むなど、中長期的に持続的な成長基盤を構築していく観点から、「Society 5.0」の社会実装を含む波及効果の大きい投資プロジェクトを計画的に実施していくことが重要である。「経済財政運営と改革の基本方針2018」
>
> ※潜在成長率は、景気循環の影響を除いた経済成長率のことをいい、国や地域が中長期的にどれだけの経済成長を達成できるかを表す指標（成長の巡航速度）で、生産活動に必要な全要素を使った場合に、GDP（国内総生産）を生み出すのに必要な供給能力を毎年どれだけ増やせるかを示す指標となっている（経済全体の供給力から算出）。
>
> ※サプライサイド：供給側

解答　ア

問題 003

一億総活躍社会に関する【問題文 A】から【問題文 C】について、以下のアからエまでのうち<u>正しい</u>ものを 1 つ選びなさい。

【問題文 A】厚生労働白書によれば、一億総活躍社会の実現に向けた最大のチャレンジは働き方改革であり、多様で柔軟な働き方が可能となるよう、社会の発想や制度を大きく転換しなければならない。

【問題文 B】厚生労働白書によれば、一億総活躍社会を創っていくため、政府は「戦後最大の名目 GDP1,000 兆円」、「希望出生率 1.8」、「介護離職ゼロ」という目標を掲げている。

【問題文 C】厚生労働白書によれば、一億総活躍社会は、女性も男性も、お年寄りも若者も、一度失敗を経験した方も、障害や難病のある方も、家庭で、職場で、地域で、あらゆる場で、誰もが活躍できる、いわば全員参加型の社会である。

ア．A のみ誤っている。
イ．B のみ誤っている。
ウ．C のみ誤っている。
エ．すべて正しい。

本問は、一億総活躍社会についての理解を問うものである。

A　正しい。　一億総活躍社会の実現に向けた最大のチャレンジは働き方改革である。多様で柔軟な働き方が可能となるよう、社会の発想や制度を大きく転換しなければならない。従って、本記述は正しい。

B　誤　り。　「戦後最大の名目 GDP1,000 兆円」が誤り。少子高齢化の流れに歯止めをかけ、誰もが活躍できる一億総活躍社会を創っていくため、「戦後最大の名目 GDP **600 兆円**」、「希望出生率 1.8」、「介護離職ゼロ」という目標を掲げている。従って、本記述は誤っている。

C　正しい。　一億総活躍社会は、女性も男性も、お年寄りも若者も、一度失敗を経験した方も、障害や難病のある方も、家庭で、職場で、地域で、あらゆる場で、誰もが活躍できる、いわば全員参加型の社会である。従って、本記述は正しい。

　以上により、問題文 AC は正しいが、B は誤っている。従って、正解は肢イとなる。

解答　イ

問題 004

少子社会の現状に関する次の文章中の（　）に入る適切な語句の組合せを、以下のアからエまでのうち1つ選びなさい。

　平成元年は、丙午（ひのえうま）の年ではないにもかかわらず、合計特殊出生率が（　a　）になったことを契機に、少子化の認識が一般化し、各種の取り組みが始められるようになった年である。しかしながら、各般の取り組みを進めても出生率は下げ止まらず、平成17年の合計特殊出生率は（　b　）と過去最低を更新し、夫婦の出生力の低下という少子化社会における新たな課題も発見された。

　このような少子化の流れを変えるためには、もう一段の対策を進めることが必要であり、次代の社会を担う子どもが健やかに生まれ、育成される環境を整備するため、平成15年に次世代育成支援対策推進法が制定された。

　合計特殊出生率は、平成17年を境に上昇傾向にあり、平成30年には（　c　）となった。

ア．a. 1.75　　b. 1.36　　c. 1.42
イ．a. 1.75　　b. 1.26　　c. 1.65
ウ．a. 1.57　　b. 1.36　　c. 1.65
エ．a. 1.57　　b. 1.26　　c. 1.42

解　説

本問は、少子社会の現状についての理解を問うものである。

　平成元年は、丙午（ひのえうま）の年ではないにもかかわらず、合計特殊出生率が（**a. 1.57**）になったことを契機に、少子化の認識が一般化し、各種の取り組みが始められるようになった年である。しかしながら、各般の取り組みを進めても出生率は下げ止まらず、平成17年の合計特殊出生率が（**b. 1.26**）と過去最低を更新し、夫婦の出生力の低下という少子化社会における新たな課題も発見された。

　このような少子化の流れを変えるためには、もう一段の対策を進めることが必要であり、次代の社会を担う子どもが健やかに生まれ、育成される環境を整備するため、平成15年に次世代育成支援対策推進法が制定された。

　合計特殊出生率は、平成17年を境に上昇傾向にあり、平成30年には（**c. 1.42**）となった。

解答　エ

次の表は、「仕事と生活の調和推進のための行動指針」における、政策によって一定の影響を及ぼすことのできる項目について、取組みが進んだ場合に達成される水準として数値目標を設定したものの一部を表している。表中の（　　）に入る適切な数値の組合せを、以下のアからエまでのうち1つ選びなさい。

数値目標設定指標	2018年の統計	目標値（2020年）
週労働時間60時間以上の雇用者の割合	6.9%	（　a　）%
男性の育児休業取得率	6.16%	（　b　）%
年次有給休暇取得率	52.4%	（　c　）%

ア. a. 6　　b. 25　　c. 70
イ. a. 6　　b. 13　　c. 90
ウ. a. 5　　b. 25　　c. 90
エ. a. 5　　b. 13　　c. 70

解　説

本問は、仕事と生活の調和推進のための行動指針についての理解を問うものである。

数値目標設定指標	2018年の統計	目標値（2020年）
週労働時間60時間以上の雇用者の割合	6.9%	（　**a. 5**　）%
男性の育児休業取得率	6.16%	（　**b. 13**　）%
年次有給休暇取得率	52.4%	（　**c. 70**　）%

解答　エ

問題 006

ダイバーシティ経営に関する次の文章中の（　）に入る適切な語句の組合せを、以下のアからエまでのうち１つ選びなさい。

「ダイバーシティ経営」は、多様な属性の違いを活かし、個々の人材の能力を最大限引き出すことにより、（　a　）を生み出し続ける企業を目指して、全社的かつ継続的に進めていく経営上の取組みである。海外投資家を中心に、ダイバーシティによるイノベーションの創出や、（　b　）の向上に対する効果に注目が集まっている。また、優秀な人材獲得のためにも、従来の均質的な（　c　）を変革する柱として、ダイバーシティ経営の実践が求められている。

ア．a. 創造価値　　b. 生産性の　　　　　　　　c. 人材戦略
イ．a. 創造価値　　b. 取締役会の監督機能　　　c. 競争戦略
ウ．a. 付加価値　　b. 生産性の　　　　　　　　c. 競争戦略
エ．a. 付加価値　　b. 取締役会の監督機能　　　c. 人材戦略

解　説

本問は、ダイバーシティ経営についての理解を問うものである。

「ダイバーシティ経営」は、多様な属性の違いを活かし、個々の人材の能力を最大限引き出すことにより、（**a. 付加価値**）を生み出し続ける企業を目指して、全社的かつ継続的に進めていく経営上の取組みである。海外投資家を中心に、ダイバーシティによるイノベーションの創出や、（**b. 取締役会の監督機能**）向上に対する効果に注目が集まっている。また、優秀な人材獲得のためにも、従来の均質的な（**c. 人材戦略**）を変革する柱として、ダイバーシティ経営の実践が求められている。（経済産業省『ダイバーシティ2.0検討会報告書～競争戦略としてのダイバーシティの実践に向けて～』）

解答　エ

問題 007	次の図は、企業に対するダイバーシティ経営に関する調査において、回答率が高かった項目を順に5つ並べたものである。図中の（　）に入る適切な語句の組合せを、以下のアからエまでのうち1つ選びなさい。

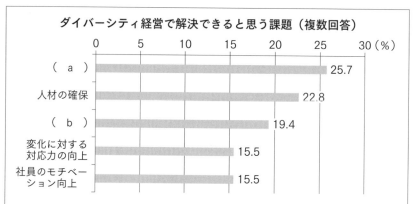

経済産業省委託事業『働き方改革に関する企業の実態調査（2017年）』より作成

ア. a. 優秀な人材獲得　　　b. 資金調達力の向上
イ. a. 労働生産性の向上　　b. 社会貢献、地域貢献の強化
ウ. a. 優秀な人材獲得　　　b. 人材の能力開発
エ. a. 女性管理職の増大　　b. 労働生産性の向上

解　説

本問は、ダイバーシティ経営についての理解を問うものである。

　企業側が、ダイバーシティ経営で解決できると思う課題では、「優秀な人材獲得」（25.7％）が最も高く、ついで「人材の確保」（22.8％）が高い。また、「人材の能力開発」は19.4％、「変化に対する対応力の向上」は15.5％、「社員のモチベーション向上」は15.5％となっている。一方、「社会貢献、地域貢献の強化」（4.4％）や「資金調達力の向上」（3.4％）は低い。
　その他では「労働生産性の向上」（14.1％）、「女性管理職の増大」（13.6％）となっている。

解答	ウ

問題 008

次の図は、企業が働き方改革に取り組む目的に関する調査において、回答率が高かった項目を順に5つ並べたものである。図中の（　）に入る適切な語句の組合せを、以下のアからエまでのうち1つ選びなさい。

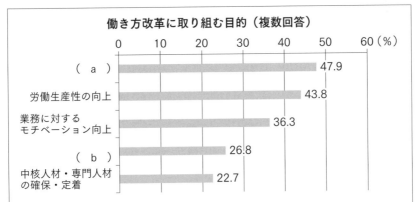

働き方改革に取り組む目的（複数回答）

項目	回答率
（ a ）	47.9
労働生産性の向上	43.8
業務に対するモチベーション向上	36.3
（ b ）	26.8
中核人材・専門人材の確保・定着	22.7

総務省『ICT利活用と社会的課題解決に関する調査研究』（平成29年）より作成

ア．a. 社員のワーク・ライフ・バランスの実現
　　b. 育児、配偶者転勤等による退職の防止
イ．a. 社員のワーク・ライフ・バランスの実現
　　b. 人手の確保
ウ．a. 人手の確保
　　b. 育児、配偶者転勤等による退職の防止
エ．a. 人手の確保
　　b. 社員のワーク・ライフ・バランスの実現

本問は、企業が働き方改革に取り組む目的に関する調査についての理解を問うものである。

調査項目	回答率
人手の確保	47.9%
労働生産性の向上	43.8%
業務に対するモチベーション向上	36.3%
社員のワーク・ライフ・バランスの実現	26.8%
中核人材・専門人材の確保・定着	22.7%
育児、配偶者転勤等による退職の防止	17.1%

解答　エ

問題 009

次の図は、2018年度新入社員が「働き方改革」で最も関心のある勤務形態として挙げられている項目を回答率が高かった順に並べたものである。（　）に入る適切な語句の組合せを、以下のアからエまでのうち1つ選びなさい。

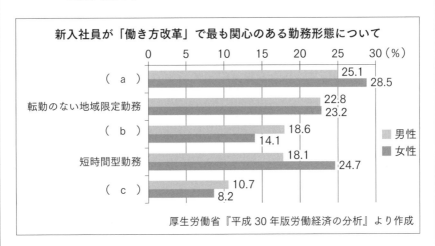

新入社員が「働き方改革」で最も関心のある勤務形態について

	男性	女性
（ a ）	25.1	28.5
転勤のない地域限定勤務	22.8	23.2
（ b ）	18.6	14.1
短時間型勤務	18.1	24.7
（ c ）	10.7	8.2

厚生労働省『平成30年版労働経済の分析』より作成

ア．a. サテライトオフィス等の施設利用型テレワーク制度
　　b. 在宅勤務
　　c. モバイルワーク制度

イ．a. 在宅勤務
　　b. サテライトオフィス等の施設利用型テレワーク制度
　　c. 朝型勤務

ウ．a. モバイルワーク制度
　　b. 在宅勤務
　　c. サテライトオフィス等の施設利用型テレワーク制度

エ．a. 在宅勤務
　　b. 朝型勤務
　　c. モバイルワーク制度

解　説

本問は、新入社員が「働き方改革」で最も関心のある勤務形態についての理解を問うものである。

項目	在宅勤務	転勤のない地域限定勤務	サテライトオフィス等の施設利用型テレワーク制度	短時間型勤務	朝型勤務	モバイルワーク制度
男性	25.1%	22.8%	18.6%	18.1%	10.7%	4.7%
女性	28.5%	23.2%	14.1%	24.7%	8.2%	1.3%

解答　イ

問題
010

次の図は、国内企業に対して行ったアンケートにおいて働き方改革として取り組んでいる施策を回答率が高かった項目を順に5つ並べたものである。図中の（　　　）に入る適切な語句の組合せを、以下のアからエまでのうち1つ選びなさい。

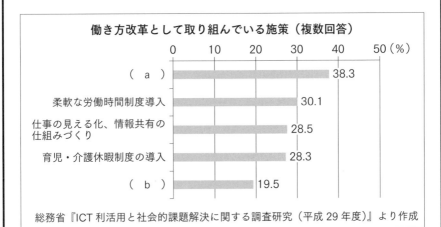

働き方改革として取り組んでいる施策（複数回答）

（ a ）	38.3
柔軟な労働時間制度導入	30.1
仕事の見える化、情報共有の仕組みづくり	28.5
育児・介護休暇制度の導入	28.3
（ b ）	19.5

総務省『ICT利活用と社会的課題解決に関する調査研究（平成29年度）』より作成

ア．a. 長時間労働の是正　　　　b. 時短制度の導入
イ．a. 長時間労働の是正　　　　b. 在宅勤務制度の導入
ウ．a. 時短制度の導入　　　　　b. 長時間労働の是正
エ．a. 時短制度の導入　　　　　b. 在宅勤務制度の導入

解　説

本問は、働き方改革として取り組んでいる施策についての理解を問うものである。

　働き方改革として取り組んでいる施策では「長時間労働の是正」が38.3％で最も多く、次いで「柔軟な労働時間制度導入」（30.1％）、「仕事の見える化、情報共有の仕組み作り」（28.5％）、「育児・介護休暇制度の導入」（28.3％）、「時短制度の導入」（19.5％）、「多様な働き方に対応した評価制度導入」（18.8％）、「在宅勤務制度の導入」（3.7％）であった。

解答　ア

問題
011

「働き方改革推進支援センター」に関する以下のアからエまでの記述のうち、最も適切ではないものを1つ選びなさい。

ア.「働き方改革推進支援センター」は、働き方改革に関連する様々な相談に総合的に対応し、支援することを目的として、全国47都道府県に設置されている。

イ.「働き方改革推進支援センター」では、各センターに配置している、社会保険労務士などの専門家が、無料で事業主からの労務管理上の悩みを聞き、就業規則の作成方法、賃金規定の見直しや労働関係助成金の活用などを含めたアドバイスを行っている。

ウ.「働き方改革推進支援センター」は、①長時間労働の是正、②同一労働同一賃金等非正規雇用労働者の待遇改善、③生産性向上による賃金引上げ、④人手不足の解消に向けた雇用管理改善の取組をワンストップで支援している。

エ.「働き方改革推進支援センター」は、労務管理・企業経営等の専門家が企業への個別訪問によりコンサルティングを実施する支援センターではなく、電話・メール、来所による相談を受ける相談センターである。

解　説

本問は、働き方改革推進支援センターについての理解を問うものである。

ア 正しい。 「働き方改革推進支援センター」は、働き方改革に関連する様々な相談に総合的に対応し、支援することを目的として、全国47都道府県に設置されている。従って、本記述は正しい。

イ 正しい。 「働き方改革推進支援センター」では、各センターに配置している、社会保険労務士などの専門家が、無料で事業主からの労務管理上の悩みを聞き、就業規則の作成方法、賃金規定の見直しや労働関係助成金の活用などを含めたアドバイスを行っている。従って、本記述は正しい。

ウ 正しい。 「働き方改革推進支援センター」は、①長時間労働の是正、②同一労働同一賃金等非正規雇用労働者の待遇改善、③生産性向上による賃金引上げ、④人手不足の解消に向けた雇用管理改善の取組をワンストップで支援している。従って、本記述は正しい。

エ 誤　り。 「働き方改革推進支援センター」は、電話・メール、来所による相談を受けるほか、企業側の希望に応じて、労務管理・企業経営等の専門家の**企業への個別訪問によるコンサルティングも実施している**。従って、本記述は誤っている。

解答　エ

次の図は、諸外国のフルタイム労働者の賃金を 100 とした場合のパートタイム労働者の賃金水準を表したものである。図中の（　　）に入る適切な国名の組合せを、以下のアからエまでのうち 1 つ選びなさい。

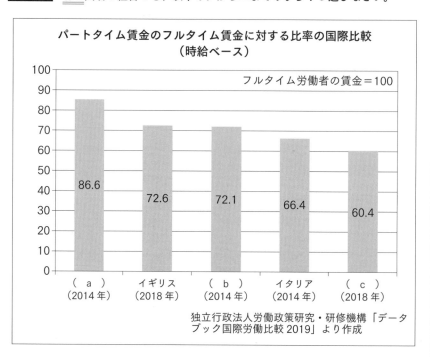

ア．a. ドイツ　　　　b. 日本　　　　　c. フランス
イ．a. ドイツ　　　　b. フランス　　　c. 日本
ウ．a. フランス　　　b. ドイツ　　　　c. 日本
エ．a. フランス　　　b. 日本　　　　　c. ドイツ

解　説

本問は、パートタイム賃金のフルタイム賃金に対する比率の国際比較についての理解を問うものである。

フランス (2014年)	イギリス (2018年)	ドイツ (2014年)	イタリア (2014年)	日本 (2018年)
86.6	72.6	72.1	66.4	60.4

解答　ウ

<table>
<tr><td>

</td></tr>
</table>

問題 013

次の図は、パートタイム労働者に対する各種手当等の実施・支給状況を表している。図中の（　　）に入る<u>適切な語句の組合せ</u>を、以下のアからエまでのうち1つ選びなさい。

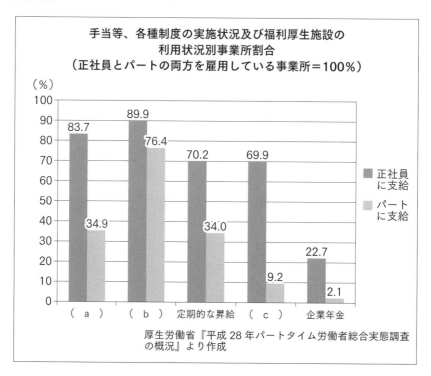

手当等、各種制度の実施状況及び福利厚生施設の
利用状況別事業所割合
（正社員とパートの両方を雇用している事業所＝100％）

厚生労働省『平成28年パートタイム労働者総合実態調査の概況』より作成

	a	b	c
ア.	退職金	通勤手当	賞与
イ.	退職金	賞与	通勤手当
ウ.	賞与	通勤手当	退職金
エ.	賞与	退職金	通勤手当

解　説

本問は、各種手当等の実施・支給状況についての理解を問うものである。

　　正社員とパートの両方を雇用している事業所のうち、手当等、各種制度の実施及び福利厚生施設の利用状況（複数回答）は、パートでは「通勤手当」が76.4%と最も高い割合となっており、次いで「更衣室の利用」58.4%、「休憩室の利用」56.9%の順となっている。正社員との比較でみると、「給食施設（食堂）の利用」、「休憩室の利用」、「更衣室の利用」などの福利厚生施設の利用については正社員の実施状況との差は小さいが、「役職手当」、「退職金」、「賞与」などでは正社員との差が大きくなっている。

解答　ウ

「同一労働同一賃金」に関する次の文章中の（　　）に入る適切な語句の組合せを、以下のアからエまでのうち１つ選びなさい。

　「同一労働同一賃金」とは、一般に、同じ労働に対して同じ賃金を支払うべきという考え方である。具体的には、同一企業・団体における正規雇用労働者と非正規雇用労働者との間で、（　a　）と（　b　）を求める考え方である。

　（a）とは、（　c　）と、人材活用の仕組みが、正規雇用労働者と非正規雇用労働者の間で同一である場合には、非正規雇用労働者の待遇に対して差別的取扱いをしてはならないとすることである。

　一方、（b）とは、正規雇用労働者と非正規雇用労働者との間の待遇に相違がある場合に、待遇の相違は、（c）、人材活用の仕組み、運用その他の事情の3要素を考慮して、不合理があってはならないとすることである。

ア. a. 均衡待遇　　　b. 均等待遇　　　c. 職務内容
イ. a. 均衡待遇　　　b. 均等待遇　　　c. 勤続年数
ウ. a. 均等待遇　　　b. 均衡待遇　　　c. 勤続年数
エ. a. 均等待遇　　　b. 均衡待遇　　　c. 職務内容

解　説

本問は、均等待遇と均衡待遇についての理解を問うものである。

> 　「同一労働同一賃金」とは、一般に、同じ労働に対して同じ賃金を支払うべきという考え方である。具体的には、同一企業・団体における正規雇用労働者と非正規雇用労働者との間で、(**a．均等待遇**) と (**b．均衡待遇**) を求める考え方である。
>
> 　**均等待遇**とは、①(**c．職務内容**) と、②人材活用の仕組みが、正規雇用労働者と非正規雇用労働者の間で同一である場合には、非正規雇用労働者の待遇に対して差別的取扱いをしてはならないとすることである。
>
> 　一方、**均衡待遇**とは、正規雇用労働者と非正規雇用労働者との間の待遇に相違がある場合に、待遇の相違は、①**職務内容**、②人材活用の仕組み、③運用その他の事情の3要素を考慮して、不合理があってはならないとすることである。

※「同一労働同一賃金」関連法律の施行日

①改正労働者派遣法　　(2020年4月1日)

②改正労働契約法　大企業 (2020年4月1日)

　　　〃　　　　中小企業 (2021年4月1日)

③短時間労働者及び有期雇用労働者の雇用管理の改善等に関する法律

　大企業　 (2020年4月1日)

　中小企業 (2021年4月1日)

解答　エ

問題 015	同一労働同一賃金ガイドラインで述べられている内容について【問題文A】および【問題文B】に示された、問題となる例と問題とならない例の組合せとして適切なものを、以下のアからエまでのうち1つ選びなさい。

【問題文A】基本給について労働者の勤続年数に応じて支給しているX社において、有期雇用労働者であるYに対し、勤続年数について当初の雇用契約開始時から通算せず、その時点の雇用契約の期間のみの評価により支給している。

【問題文B】基本給の一部について労働者の業績・成果に応じて支給しているA社において、フルタイム労働者の半分の勤務時間のパートタイム労働者であるXに対し、無期雇用フルタイム労働者に設定されている販売目標の半分の数値に達した場合には、無期雇用フルタイム労働者が販売目標を達成した場合の半分を支給している。

ア. A＝問題となる例　　　　　B＝問題とならない例
イ. A＝問題となる例　　　　　B＝問題となる例
ウ. A＝問題とならない例　　　B＝問題となる例
エ. A＝問題とならない例　　　B＝問題とならない例

解　説

本問は、同一労働同一賃金ガイドラインで述べられている内容について、問題となる例と問題とならない例の理解を問うものである。

A　問題となる例。　　　X 社が基本給について労働者の勤続年数に応じて支給しているにもかかわらず、有期雇用労働者に対し、勤続年数に応じた評価ではなく、**その時点の雇用契約の期間のみの評価により支給していることが問題となる**。従って、本記述は問題となる例である。
基本給について、労働者の勤続年数に応じて支給しようとする場合、無期雇用フルタイム労働者と同一の勤続年数である有期雇用労働者又はパートタイム労働者には、勤続年数に応じた部分につき、同一の支給をしなければならない。また、勤続年数に一定の違いがある場合においては、その相違に応じた支給をしなければならない。

B　問題とならない例。　基本給について、労働者の業績・成果に応じて支給しようとする場合、無期雇用フルタイム労働者と同一の業績・成果を出している有期雇用労働者又はパートタイム労働者には、業績・成果に応じた部分につき、同一の支給をしなければならない。また、業績・成果に一定の違いがある場合においては、その相違に応じた支給をしなければならない。従って、本記述は問題とならない例である。

　　以上により、問題文 A は問題となる例だが、B は問題とならない例である。従って、正解は肢アとなる。

※短時間労働者及び有期雇用労働者の雇用管理の改善等に関する法律施行日
　大企業　（2020 年 4 月 1 日）
　中小企業（2021 年 4 月 1 日）

解答　ア

ア．期間の定めがある労働契約の場合、使用者は、契約を１回以上更新しているか、または１年を超えて継続して雇用している有期契約労働者について雇止めをする場合には、少なくとも30日前に予告をしなければならない。従って、本記述は誤っている。

イ．使用者は、労働者が雇止めの理由の明示を請求した場合には、遅滞なくこれを文書で交付しなければならない。

ウ．使用者は、契約の更新により１年を超えて継続して雇用している有期契約労働者と契約を更新する場合には、契約の実態及びその労働者の希望に応じて、契約期間をできるだけ長くするよう努めなければならない。

エ．有期労働契約の反復更新により無期労働契約と実質的に異ならない場合、または有期労働契約の期間満了後の雇用継続につき、合理的期待が認められる場合には、雇止めが客観的に合理的な理由を欠き、社会通念上相当であると認められないときは、有期労働契約が更新されたものとみなされる。

解　説

本問は、解雇と雇止めについての理解を問うものである。

ア　誤　り。　期間の定めがある労働契約の場合、使用者は、契約を**3回以上**更新しているか、または1年を超えて継続して雇用している有期契約労働者について、雇止めをする場合には、少なくとも30日前に予告をしなければならない（労働基準法14条2項、有期労働契約の締結、更新及び雇止めに関する基準1条）。従って、本記述は誤っている。

イ　正しい。　使用者は、労働者が雇止めの理由の明示を請求した場合には、遅滞なくこれを文書で交付しなければならない（労働基準法14条2項、有期労働契約の締結、更新及び雇止めに関する基準2条）。従って、本記述は正しい。

ウ　正しい。　使用者は、契約の更新により1年を超えて継続して雇用している有期契約労働者と契約を更新する場合には、契約の実態及びその労働者の希望に応じて、契約期間をできるだけ長くするよう努めなければならない（労働基準法14条2項、有期労働契約の締結、更新及び雇止めに関する基準3条）。従って、本記述は正しい。

エ　正しい。　有期労働契約の反復更新により無期労働契約と実質的に異ならない場合、または有期労働契約の期間満了後の雇用継続につき、合理的期待が認められる場合には、雇止めが客観的に合理的な理由を欠き、社会通念上相当であると認められないときは、有期労働契約が更新されたものとみなされる（労働契約法19条）。従って、本記述は正しい。

解答　ア

３年有期労働契約を締結している労働者が１回目の契約更新をして、通算労働契約期間が５年を超えるようになった場合、無期転換申込権が発生する。無期転換申込権の発生から消滅までの期間として、次の図中のアからエまでのうち、最も<u>適切な期間</u>を１つ選びなさい。

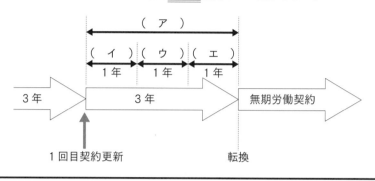

解　説

本問は、期間の定めのない労働契約への転換についての理解を問うものである。

「同一の使用者との間で締結された二以上の有期労働契約（契約期間の始期の到来前のものを除く。以下この条において同じ）の契約期間を通算した期間（次項において「通算契約期間」という）が５年を超える労働者が、当該使用者に対し、現に締結している有期労働契約の契約期間が満了する日までの間に、当該満了する日の翌日から労務が提供される期間の定めのない労働契約の締結の申込みをしたときは、使用者は当該申込みを承諾したものとみなす。この場合において、当該申込みに係る期間の定めのない労働契約の内容である労働条件は、現に締結している有期労働契約の内容である労働条件（契約期間を除く）と同一の労働条件（当該労働条件（契約期間を除く）について別段の定めがある部分を除く）とする」（労働契約法 18 条１項）。

解答　ア

問題 018

有期契約労働者の労働契約に関する以下のアからエまでの記述のうち、最も適切ではないものを1つ選びなさい。

ア. 使用者は、有期労働契約について、その有期労働契約により労働者を使用する目的に照らして、必要以上に短い期間を定めることにより、その有期労働契約を反復して更新することのないよう配慮しなければならない。

イ. 有期労働契約を締結している労働者の労働契約の内容である労働条件が、期間の定めがあることにより同一の使用者と期間の定めのない労働契約を締結している労働者の労働契約の内容である労働条件と相違する場合においては、当該労働条件の相違は、労働者の業務の内容及び当該業務に伴う責任の程度、当該職務の内容及び配置の変更の範囲その他の事情を考慮して、不合理と認められるものであってはならない。

ウ. 期間の定めがあることによる有期労働契約者に対する不合理な労働条件は禁止されるが、この労働条件には、賃金・諸手当、労働時間・休日の基準などの基幹的労働条件は含まれるが、解雇等の基準・手続は含まれない。

エ. 労働契約法18条1項により、通算契約期間が5年を超える有期労働契約下にある労働者は、その一方的意思表示により無期労働契約への転換を成就する転換申込権を有している。

解　説

本問は、有期契約労働者の労働契約についての理解を問うものである。

ア　正しい。 使用者は、有期労働契約について、その有期労働契約により労働者を使用する目的に照らして、必要以上に短い期間を定めることにより、その有期労働契約を反復して更新することのないよう配慮しなければならない（労働契約法 17 条 2 項）。従って、本記述は正しい。

イ　正しい。 有期労働契約を締結している労働者の労働契約の内容である労働条件が、期間の定めがあることにより同一の使用者と期間の定めのない労働契約を締結している労働者の労働契約の内容である労働条件と相違する場合においては、当該労働条件の相違は、労働者の業務の内容及び当該業務に伴う責任の程度、当該職務の内容及び配置の変更の範囲その他の事情を考慮して、不合理と認められるものであってはならない（労働契約法 20 条）。従って、本記述は正しい。

ウ　誤り。 期間の定めがあることによる有期労働契約者に対する不合理な労働条件は禁止されている（労働契約法 20 条）が、この「労働条件」は、「労働契約の内容」となる限りは広義にとらえられるべきであり、賃金・諸手当、労働時間・休日の基準などの基幹的労働条件のみならず、**解雇等の基準・手続や懲戒の基準・手続も含まれる**。従って、本記述は誤っている。

エ　正しい。 「同一の使用者との間で締結された二以上の有期労働契約（契約期間の始期の到来前のものを除く。以下この条において同じ。）の契約期間を通算した期間（次項において『通算契約期間』という。）が 5 年を超える労働者が、当該使用者に対し、現に締結している有期労働契約の契約期間が満了する日までの間に、当該満了する日の翌日から労務が提供される期間の定めのない労働契約の締結の申込みをしたときは、使用者は当該申込みを承諾したものとみなす。」と規定している。ここから、通算契約期間が 5 年を超える有期労働契約下にある労働者は、その一方的意思表示により無期労働契約への転換を成就する転換申込権を有していると解されることになる（労働契約法 18 条 1 項）。従って、本記述は正しい。

解答　ウ

問題 019

パートタイム労働法に関する以下のアからエまでの記述のうち、最も<u>適切ではないもの</u>を1つ選びなさい。

ア. 事業主は、パートタイム労働者を雇い入れたときは、速やかに、実施する賃金制度や教育訓練、通常の労働者への転換の措置等の雇用管理の改善措置の内容を説明しなければならない。

イ. 事業主は、職務内容同一短時間労働者については、短時間労働者であることを理由として、賃金の決定、教育訓練の実施、福利厚生施設の利用その他の待遇について、差別的取扱いをしてはならない。

ウ. 事業主がその雇用する短時間労働者の賃金について、通常の労働者との均等を考慮しつつ、職務の内容、職務の成果、意欲、能力又は経験等を勘案して決定しなければならない。

エ. 事業主は、常時10人以上の短時間労働者を雇用する事業所ごとに、厚生労働省令で定めるところにより、指針に定める事項その他の短時間労働者の雇用管理の改善等に関する事項を管理させるため、短時間雇用管理者を選任するように努めなければならない。

解　説

本問は、パートタイム労働法についての理解を問うものである。

ア　正しい。　事業主は、パートタイム労働者を雇い入れたときは、速やかに、実施する賃金制度や教育訓練、通常の労働者への転換の措置等の雇用管理の改善措置の内容を説明しなければならない（パートタイム労働法14条1項）。従って、本記述は正しい。

イ　正しい。　事業主は、職務内容同一短時間労働者については、短時間労働者であることを理由として、賃金の決定、教育訓練の実施、福利厚生施設の利用その他の待遇について、差別的取扱いをしてはならない（パートタイム労働法9条）。従って、本記述は正しい。

ウ　誤　り。　パートタイム労働法は、事業主がその雇用する短時間労働者の賃金について、通常の労働者との**均衡**を考慮しつつ、職務の内容、職務の成果、意欲、能力又は経験等を勘案して決定するように努めなければならないと規定している（パートタイム労働法10条）。従って、本記述は誤っている。

エ　正しい。　事業主は、常時10人以上の短時間労働者を雇用する事業所ごとに、厚生労働省令で定めるところにより、指針に定める事項その他の短時間労働者の雇用管理の改善等に関する事項を管理させるため、短時間雇用管理者を選任するように努めなければならない（パートタイム労働法17条、則6条）。従って、本記述は正しい。

解答　ウ

問題 020

労働者派遣法に関する以下のアからエまでの記述のうち、最も適切ではないものを1つ選びなさい。

ア. 派遣元事業主は、派遣先の事業所その他派遣就業の場所における組織単位ごとの業務につき、原則として、3年を超える期間継続して同一の派遣労働者に係る労働者派遣を行ってはならない。

イ. 派遣元事業主は、その雇用する派遣労働者に係る派遣先である者又は派遣先となろうとする者との間で、如何なる場合であっても、その者が当該派遣労働者を当該派遣元事業主との雇用関係の終了後雇用することを禁ずる旨の契約を締結してはならない。

ウ. 派遣先は、派遣労働者からの苦情の申出については、派遣元事業主との密接な連携のもとに、誠意をもって遅滞なく、当該苦情の適切かつ迅速な処理を図らなければならない。

エ. 派遣元事業主は、その雇用する労働者であって、派遣労働者として雇い入れた労働者以外のものを新たに労働者派遣の対象としようとするときは、あらかじめ、当該労働者にその旨を明示し、その同意を得なければならない。

本問は、労働者派遣法についての理解を問うものである。

ア　正しい。　派遣元事業主は、派遣先の事業所その他派遣就業の場所における組織単位ごとの業務につき、原則として、３年を超える期間継続して同一の派遣労働者に係る労働者派遣を行ってはならない（労働者派遣法35条の３）。従って、本記述は正しい。

イ　誤　り。　派遣元事業主は、その雇用する派遣労働者に係る派遣先である者又は派遣先となろうとする者との間で、**正当な理由がなく**、その者が当該派遣労働者を当該派遣元事業主との雇用関係の終了後雇用することを禁ずる旨の契約を締結してはならない（労働者派遣法33条２項）。従って、本記述は誤っている。

ウ　正しい。　派遣先は、派遣労働者からの苦情の申出については、派遣元事業主との密接な連携のもとに、誠意をもって遅滞なく、当該苦情の適切かつ迅速な処理を図らなければならない（労働者派遣法40条１項）。従って、本記述は正しい。

エ　正しい。　派遣元事業主は、その雇用する労働者であって、派遣労働者として雇い入れた労働者以外のものを新たに労働者派遣の対象としようとするときは、あらかじめ、当該労働者にその旨（新たに紹介予定派遣の対象としようとする場合にあっては、その旨を含む。）を明示し、その同意を得なければならない（労働者派遣法32条２項）。従って、本記述は正しい。

解答　イ

問題 021

労働者派遣法における派遣先の事業主による直接雇用に向けての諸義務に関する以下のアからエまでの記述のうち、最も適切ではないものを1つ選びなさい。

ア. 派遣先は、組織単位ごとの同一の業務について派遣元事業主から継続して1年以上の期間同一の派遣労働者を受け入れた場合、引き続き当該同一の業務に労働者を従事させるため、当該労働者派遣の役務の提供を受けた期間が経過した日以後労働者を雇い入れようとするときは、当該派遣労働者を雇い入れるように努めなければならない。

イ. 派遣先が、「派遣可能期間の制限」の規定に違反して労働者派遣の役務の提供を受けた場合には、その時点において、受け入れている派遣労働者について直接雇用の申込みをしたものとみなされる。

ウ. 派遣先は、同一の事業所において、派遣元事業主から1年以上の期間継続して同一の派遣労働者を受け入れている場合は、当該事業所における労働について通常の労働者を雇い入れようとする時は、当該派遣労働者を雇い入れるように努めなければならない。

エ. 派遣先は、原則として事業所の同一組織単位の業務について継続して3年間派遣労働に従事する見込みがある派遣労働者については、労働者の募集を行う時は当該募集に係る事項を当該派遣労働者に周知しなければならない。

本問は、派遣先の事業主による直接雇用に向けての諸義務についての理解を問うものである。

ア　正しい。 派遣先は、当該派遣先の事業所その他派遣就業の場所における組織単位ごとの同一の業務について派遣元事業主から継続して1年以上の期間同一の特定有期雇用派遣労働者に係る労働者派遣（派遣可能期間に制限がないものを除く）の役務の提供を受けた場合において、引き続き当該同一の業務に労働者を従事させるため、当該労働者派遣の役務の提供を受けた期間（派遣実施期間）が経過した日以後労働者を雇い入れようとするときは、当該同一の業務に派遣実施期間継続して従事した特定有期雇用派遣労働者（継続して就業することを希望する者に限る）を、遅滞なく、雇い入れるように努めなければならない（労働者派遣法40条の4）。従って、本記述は正しい。

イ　正しい。 派遣先が、「派遣可能期間の制限」の規定（労働者派遣法40条の2第1項）に違反して労働者派遣の役務の提供を受けた場合には、その時点において、受け入れている派遣労働者について直接雇用の申込みをしたものとみなされる（労働者派遣法40条の6）。従って、本記述は正しい。

ウ　誤　り。 派遣先は、同一の事業所において、派遣元事業主から1年以上の期間継続して同一の派遣労働者を受け入れている場合、当該事業所における労働について社員（正規労働者）の募集を行うときは、**当該募集に係る事項（業務の内容、賃金、労働時間など）を当該派遣労働者に周知しなければならない**（労働者派遣法40条の5第1項）。従って、本記述は誤っている。

エ　正しい。 派遣先は、原則として事業所の同一組織単位の業務について継続して3年間派遣労働に従事する見込みがある特定有期雇用派遣労働者（継続して就業することを希望する者に限る）については、労働者の募集を行う時は当該募集に係る事項を当該派遣労働者に周知しなければならない（労働者派遣法40条の5第2項）。従って、本記述は正しい。

解答　ウ

問題 022

「働き方改革実行計画」に基づき、雇用形態にかかわらない公正待遇確保の法改正に関する以下のアからエまでの記述のうち、最も適切ではないものを１つ選びなさい。

ア. 短時間・有期雇用労働者に関する同一企業内における正規雇用労働者との不合理な待遇の禁止に関し、個々の待遇ごとに、当該待遇の性質・目的に照らして適切と認められる事情を考慮して判断されるべき旨を明確化する。

イ. 事業主には、非正規雇用労働者を雇い入れた際には、当該労働者に対し、「正社員との待遇差の内容や理由」などを説明するよう義務付ける。

ウ. 派遣労働者については、派遣先の労働者との均等・均衡待遇の確保と一定の要件を満たす労使協定による待遇の確保のいずれかの措置を講ずるよう義務付ける。

エ. 都道府県労働局において、無料・非公開の紛争解決手続きを行い、「均衡待遇」や「待遇差の内容・理由」に関する説明についても、行政ADRの対象となるよう裁判外紛争解決手続の規定を整備する。

解 説

本問は、雇用形態にかかわらない公正待遇確保についての理解を問うものである。

ア 正しい。 短時間・有期雇用労働者に関する同一企業内における正規雇用労働者との不合理な待遇の禁止に関し、個々の待遇ごとに、当該待遇の性質・目的に照らして適切と認められる事情を考慮して判断されるべき旨を明確化する。従って、本記述は正しい。

イ 誤 り。 非正規雇用労働者は、「正社員との待遇差の内容や理由」など、自身の待遇について説明を求めることができるようになり、**事業主は、当該非正規雇用労働者から求めがあった場合は、説明をしなければならない**。従って、本記述は誤っている。

ウ 正しい。 派遣労働者については、派遣先の労働者との均等・均衡待遇の確保と一定の要件を満たす労使協定による待遇の確保のいずれかの措置を講ずるよう義務付ける。従って、本記述は正しい。

エ 正しい。 都道府県労働局において、無料・非公開の紛争解決手続きを行い、「均衡待遇」や「待遇差の内容・理由」に関する説明についても、行政ADR の対象となるよう裁判外紛争解決手続の規定を整備する。従って、本記述は正しい。

解答 　イ

問題 023

労働生産性に関する次の文章中の（　）に入る適切な語句の組合せを、以下のアからエまでのうち1つ選びなさい。

労働生産性は、（　a　）1人当たりだけでなく、就業1時間当たりとして計測されることも多い。特に、近年は、より短い時間で効率的に仕事を行う形で働き方を改革する上でも、時間当たり労働生産性の向上が重要視されるようになっている。

OECDデータに基づく2018年の日本の時間当たり労働生産性は、（　b　）ドル（単位：購買力平価換算ドル）であり、これは、イタリアや英国、カナダなどを下回るものの、ニュージーランドをやや上回る水準である。

ア. a. 就業者　　b. 68.0
イ. a. 就業者　　b. 46.8
ウ. a. 国民　　　b. 68.0
エ. a. 国民　　　b. 46.8

解 説

本問は、労働生産性についての理解を問うものである。

労働生産性は、（**a. 就業者**）1人当たりだけでなく、就業1時間当たりとして計測されることも多い。特に、近年は、より短い時間で効率的に仕事を行う形で働き方を改革する上でも、時間当たり労働生産性の向上が重要視されるようになっている。

OECDデータに基づく2018年の日本の時間当たり労働生産性は、（**b. 46.8**）ドル（単位：購買力単価換算ドル）であり、これは、イタリアや英国、カナダなどを下回るものの、ニュージーランドをやや上回る水準である。

解答　イ

平成 30 年の賃金の改定事情に関する次の文章中の（　　）に入る<u>適切な語句の組合せ</u>を、以下のアからエまでのうち 1 つ選びなさい。

令和元年中に賃金の改定を実施し、又は予定していて額も決定している企業について、賃金の改定の決定に当たり最も重視した要素をみると、「（　a　）」が 50.0％と最も多く、次いで、「（　b　）」が 9.9％、「雇用の維持」が 6.5％となっている。また、企業規模別にみると、すべての規模で「(a)」が最も多くなっている。

厚生労働省『令和元年賃金引上げ等に関する調査』より

ア．a. 企業の業績　　　　　　b. 労働力の確保・定着
イ．a. 企業の業績　　　　　　b. 前年度の改定実績
ウ．a. 労働力の確保・定着　　b. 企業の業績
エ．a. 労働力の確保・定着　　b. 前年度の改定実績

解　説

本問は、賃金の改定についての理解を問うものである。

令和元年中に賃金の改定を実施し、又は予定していて額も決定している企業について、賃金の改定の決定に当たり最も重視した要素をみると、「(**a. 企業の業績**)」が 50.0％と最も多く、次いで、「(**b. 労働力の確保・定着**)」が 9.9％、「雇用の維持」が 6.5％となっている。また、企業規模別にみると、すべての規模で「**企業の業績**」が最も多くなっている。

解答　ア

問題 025　賃金引き上げと労働生産性向上に関する以下のアからエまでの記述のうち、最も適切ではないものを1つ選びなさい。

ア. 働き方改革実行計画では、賃金引き上げについて、過去最高の企業収益を継続的に賃上げに確実につなげ、近年低下傾向にある労働分配率を上昇させ、経済の好循環をさらに確実にすることにより総雇用者所得を増加させていくとしている。

イ. 中央最低賃金審議会が示した2019年度の最低賃金の全国加重平均額は901円で、前年度に比べて27円の引上げとなった。

ウ. 働き方改革実行計画では、最低賃金について、年率3％程度を目途として、名目GDPの成長率にも配慮しつつ引き上げ、全国加重平均が1,200円になることを目指すとしている。

エ. 生産性向上に資する人事評価制度や賃金制度を整備し、生産性向上と賃上げを実現した企業への助成制度を創設した。

本問は、賃金引き上げと労働生産性向上についての理解を問うものである。

ア　正しい。　「アベノミクスの三本の矢の政策によって、デフレではないという状況を作り出す中で、企業収益は過去最高となっている。過去最高の企業収益を継続的に賃上げに確実につなげ、近年低下傾向にある労働分配率を上昇させ、経済の好循環をさらに確実にすることにより総雇用者所得を増加させていく」（働き方改革実行計画）。従って、本記述は正しい。

イ　正しい。　中央最低賃金審議会が示した 2019 年度の最低賃金の全国加重平均額は 901 円で、前年度に比べて 27 円の引上げとなった。従って、本記述は正しい。

ウ　誤り。　「1,200 円」が誤りで、正しくは「**1,000 円**」である。「最低賃金については、年率 3％程度を目途として、名目 GDP 成長率にも配慮しつつ引き上げていく。これにより、全国加重平均が **1,000 円**になることを目指す。このような最低賃金の引き上げに向けて、中小企業、小規模事業者の生産性向上等のための支援や取引条件の改善を図る」（働き方改革実行計画）。従って、本記述は誤っている。

エ　正しい。　「生産性向上に資する人事評価制度及び賃金制度を整備し、生産性の向上、従業員の賃金アップ、離職率低下を実現した企業を助成する制度を創設する」「人事評価改善等助成金」は 2017 年 4 月 1 日から開始している。従って、本記述は正しい。

解答　ウ

問題 026

最低賃金法に関する以下のアからエまでの記述のうち、最も適切ではないものを1つ選びなさい。

ア. 最低賃金制度は、国が、労働契約における賃金の最低額を定めて、使用者に対してその遵守を強制する制度である。

イ. 地域別最低賃金とは、都道府県ごとに職種別で定められ、都道府県内の事業場で働く労働者とその使用者に対して適用される最低賃金をいう。

ウ. 特定最低賃金とは、特定地域内の特定の産業について、地域別最低賃金より金額水準の高い最低賃金を定めることが必要と認めるものについて設定される最低賃金をいう。

エ. 最低賃金額より低い賃金を労働者・使用者双方の合意の上で定めてもその部分について最低賃金法により無効とされ、使用者は最低賃金未満の賃金しか支払わなかった場合には、最低賃金額との差額を支払わなければならない。

解　説

本問は、最低賃金法についての理解を問うものである。

ア　正しい。 最低賃金制度は、国が、労働契約における賃金の最低額を定めて、使用者に対してその遵守を強制する制度である。憲法27条2項が、国に対して要請する勤労条件の法定の中核をなすものである。従って、本記述は正しい。

イ　誤り。 地域別最低賃金とは、都道府県ごとに定められ、**産業や職種にかかわりなく**、都道府県内の事業場で働くすべての労働者とその使用者に対して適用される最低賃金をいう（最低賃金法9条1項参照）。従って、本記述は誤っている。

ウ　正しい。 特定（産業別）最低賃金とは、特定地域内の特定の産業について、地域別最低賃金より金額水準の高い最低賃金を定めることが必要と認めるものについて設定される最低賃金をいう（最低賃金法15条1項・2項、16条）。従って、本記述は正しい。

エ　正しい。 仮に最低賃金額より低い賃金を労働者・使用者双方の合意の上で定めてもその部分は最低賃金法により無効とされ、最低賃金額と同額の定めをしたものとされる（最低賃金法4条2項）。よって、使用者は最低賃金未満の賃金しか支払わなかった場合には、最低賃金額との差額を支払わなければならない。これには、強行的直律的効力がある。従って、本記述は正しい。

解答　イ

次の図は、1人当たり平均年間総実労働時間（就業者）の国際比較の結果を表している。図中の（　）に入る<u>適切な国名の組合せ</u>を、以下のアからエまでのうち1つ選びなさい。

問題 027

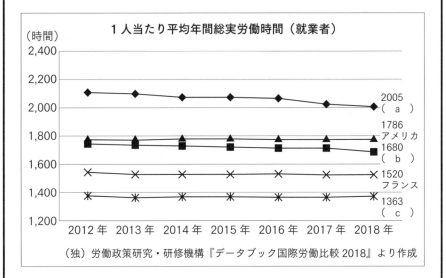

（独）労働政策研究・研修機構『データブック国際労働比較 2018』より作成

ア. a. 韓国　　b. 日本　　c. フランス
イ. a. 韓国　　b. フランス　　c. 日本
ウ. a. 日本　　b. 韓国　　c. フランス
エ. a. 日本　　b. フランス　　c. 韓国

本問は、1人当たり平均年間総実労働時間（就業者）の国際比較についての理解を問うものである。

　日本の平均年間総実労働時間（就業者）を中期的にみると、1988年の改正労働基準法の施行を契機に労働時間は着実に減少を続け、2009年には1,714時間を記録した。その後、若干増加したが、2018年は1,680時間となっている。主要諸外国についても減少、横ばい傾向を示しており、2018年は韓国2,005時間、アメリカ1,786時間、イタリア1,723時間、イギリス1,538時間、フランス1,520時間、ドイツ1,363時間などとなっている。

解答　ア

問題 028

次の図は、長時間労働の原因に関する意識調査において、回答率が高かった項目を順に並べたものである。図中の（　）に入る<u>適切な</u>語句の組合せを、以下のアからエまでのうち１つ選びなさい。

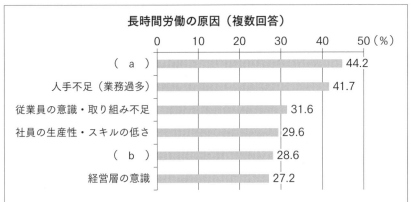

経済産業省委託事業『働き方改革に関する企業の実態調査（2017 年）』より作成

ア．a. 顧客からの要求の多さ
　　b. 男性中心の画一的な社員構成
イ．a. 管理職の意識・マネジメント不足
　　b. 長時間労働を是とする人事制度・職場の風土
ウ．a. 長時間労働を是とする人事制度・職場の風土
　　b. 現在の労働時間規制
エ．a. 管理職の意識・マネジメント不足
　　b. 男性中心の画一的な社員構成

本問は、長時間労働の原因についての理解を問うものである。

　　長時間労働の原因に対する意識として、全体で最も多いのは「管理職（ミドルマネージャー）の意識・マネジメント不足」（44.2%）で、次いで「人手不足（業務過多）」（41.7%）、「従業員の意識・取り組み不足」（31.6%）の順となっている。その他では「長時間労働を是とする人事制度・職場の風土」（28.6%）、「現在の労働時間規制」（13.1%）、「男性中心の画一的な社員構成」（8.3%）となっている。

　　なお、「長時間労働は行っていない」は 18.0%に留まり、多くの企業は何らかの形で自社が長時間労働を行っているという意識があるようである。

解答　イ

問題 029

仕事や職業生活に関することで、強いストレスを感じると答えた労働者の割合は58％となっているが、次の図は、その強いストレスの内容に関する調査結果として、回答率の高かった項目を順に5つ並べたものである。図中の（　）に入る最も<u>適切</u>な語句の組合せを、以下のアからエまでのうち1つ選びなさい。

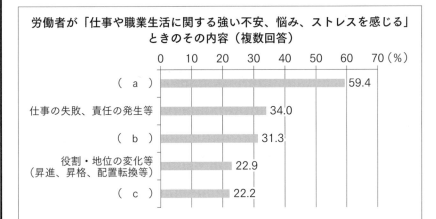

労働者が「仕事や職業生活に関する強い不安、悩み、ストレスを感じる」ときのその内容（複数回答）

項目	割合(%)
（ a ）	59.4
仕事の失敗、責任の発生等	34.0
（ b ）	31.3
役割・地位の変化等（昇進、昇格、配置転換等）	22.9
（ c ）	22.2

厚生労働省『平成30年労働安全衛生調査（実態調査）の概要』より作成

ア．a. 会社の将来性　　　b. 仕事の質・量
　　c. 対人関係（セクハラ・パワハラを含む）

イ．a. 会社の将来性　　　b. 対人関係（セクハラ・パワハラを含む）
　　c. 仕事の質・量

ウ．a. 仕事の質・量　　　b. 会社の将来性
　　c. 対人関係（セクハラ・パワハラを含む）

エ．a. 仕事の質・量　　　b. 対人関係（セクハラ・パワハラを含む）
　　c. 会社の将来性

本問は、仕事や職業生活に関する強い不安、悩み、ストレスについての理解を問うものである。

　平成30年調査によれば、現在の仕事や職業生活に関することで、強いストレスとなっていると感じる事柄がある労働者の割合は58%となっている。

　強いストレスの内容をみると、「仕事や職業生活に関する強い不安、悩み、ストレスを感じる」とした労働者のうち、「仕事の質・量」(59.4%) が最も多く、次いで、「仕事の失敗、責任の発生等」(34.0%)、「対人関係（セクハラ・パワハラを含む）」(31.3%)、「役割・地位の変化等」(22.9%)、「会社の将来性」(22.2%)、「雇用の安定性」(13.9%)、「事故や災害の体験」(3.0%) となっている。

解答　エ

問題 030

時間外労働上限規制に関する次の文章中の（　）に入る適切な語句の組合せを、以下のアからエまでのうち 1 つ選びなさい。

2018 年 6 月に働き方改革関連法が国会で成立し、36 協定で定める時間外労働に罰則付きの上限が設けられることとなった。適用について、大企業は 2019 年 4 月から、中小企業は（　a　）からとなっている。

時間外労働の上限は月（　b　）・年 360 時間となり、臨時的な特別の事情がなければこれを超えることはできない。臨時的な特別事情があり、労使が合意する場合であっても、年 720 時間、複数月平均 80 時間以内（休日労働を（　c　））、単月 100 時間未満（休日労働を（c））としなければならない。また、月（b）を超えることができるのは、年間 6 か月までである。

ア．a. 2022 年 4 月　　　b. 40 時間　　　c. 含む
イ．a. 2022 年 4 月　　　b. 45 時間　　　c. 含まない
ウ．a. 2020 年 4 月　　　b. 45 時間　　　c. 含む
エ．a. 2020 年 4 月　　　b. 40 時間　　　c. 含まない

解　説

本問は、時間外労働上限規制についての理解を問うものである。

2018 年 6 月に働き方改革関連法が国会で成立し、36 協定で定める時間外労働に罰則付きの上限が設けられることとなった。適用について、大企業は 2019 年 4 月から、中小企業は（**a. 2020 年 4 月**）からとなっている。

時間外労働の上限は月（**b. 45 時間**）・年 360 時間となり、臨時的な特別の事情がなければこれを超えることはできない。臨時的な特別事情があり、労使が合意する場合であっても、年 720 時間、複数月平均 80 時間以内（休日労働を（**c. 含む**））、単月 100 時間未満（休日労働を**含む**）としなければならない。また、月 **45 時間**を超えることができるのは、年間 6 か月までである（労働基準法第三十六条第一項の協定で定める労働時間の延長及び休日の労働について留意すべき事項等に関する指針）。

解答　ウ

次の表は、時間外労働規制の適用除外等の取扱いを受けている業種における労働基準法改正後の対応内容である。表中の（　　）に入る<u>適切な</u>語句の組合せを、以下のアからエまでのうち１つ選びなさい。

業種	現行の適用除外等の取扱い
自動車運転	今回は、罰則付きの時間外労働規制の適用除外とせず、改正法の一般則の施行期日の５年後に、年（　a　）以内の規制を適用することとし、かつ、将来的には一般則の適用を目指す旨の規定を設ける。
（　b　）	（b）事業については、限度基準告示の適用除外とされている。これに対し、今回は、罰則付きの時間外労働規制の適用除外とせず、改正法の一般則の施行期日の５年後に罰則付き上限規制の一般則を適用する（但し、復旧・復興の場合については、単月で100時間未満、（　c　）の平均で80時間以内の条件は適用しない）。併せて、将来的には一般則の適用を目指す旨の規定を設けることとする。

ア．a．720時間　　　b．建設　　　c．1か月ないし3か月
イ．a．720時間　　　b．研究開発　　c．2か月ないし6か月
ウ．a．960時間　　　b．建設　　　c．2か月ないし6か月
エ．a．960時間　　　b．研究開発　　c．1か月ないし3か月

解　説

本問は、36協定で適用除外等の取扱いを受けている業種の取扱いについての理解を問うものである。

業種	現行の適用除外等の取扱い
自動車運転	今回は、罰則付きの時間外労働規制の適用除外とせず、改正法の一般則の施行期日の5年後に、年（a. 960時間）以内の規制を適用することとし、かつ、将来的には一般則の適用を目指す旨の規定を設ける。
（b. 建設）	**建設**事業については、限度基準告示の適用除外とされている。これに対し、今回は、罰則付きの時間外労働規制の適用除外とせず、改正法の一般則の施行期日の5年後に罰則付き上限規制の一般則を適用する（但し、復旧・復興の場合については、単月で100時間未満、（c. 2か月ないし6か月）の平均で80時間以内の条件は適用しない）。併せて、将来的には一般則の適用を目指す旨の規定を設けることとする。

解答　ウ

問題 032

勤務間インターバル制度に関する【問題文 A】から【問題文 C】について、以下のアからエまでのうち正しいものを１つ選びなさい。

【問題文 A】「勤務間インターバル制度」とは、勤務終了後、次の勤務までに一定時間以上の「休息時間」を設けることで、働く人の生活時間や睡眠時間を確保するものであり、健康の確保や過重労働の防止にも資するものである。

【問題文 B】職場意識改善助成金（勤務間インターバル制度導入コース）とは、労働時間等の設定の改善を図り、過重労働の防止及び長時間労働の抑制に向け勤務間インターバル制度の導入に取り組んだ際に、その実施に要した費用の一部を助成するものである。

【問題文 C】働き方改革実行計画によれば、労働時間等の設定の改善に関する特別措置法を改正し、事業者は、前日の終業時刻と翌日の始業時刻の間に８時間以上の休息の確保に努めなければならない旨の努力義務を課すとしている。

ア．A のみ適切ではない。

イ．B のみ適切ではない。

ウ．C のみ適切ではない。

エ．すべて適切である。

解　説

本問は、勤務間インターバル制度についての理解を問うものである。

A　正しい。「勤務間インターバル制度とは、勤務終了後、次の勤務までに一定時間以上の『休息時間』を設けることで、働く方の生活時間や睡眠時間を確保するものであり、健康の確保や過重労働の防止にも資するものである」（厚生労働省「職場意識改善助成金（勤務時間インターバルコース）のご案内」）。従って、本記述は正しい。

B　正しい。職場意識改善助成金（勤務間インターバル制度導入コース）とは、労働時間等の設定の改善を図り、過重労働の防止及び長時間労働の抑制に向け勤務間インターバル制度の導入に取り組んだ際に、その実施に要した費用の一部を助成するものである。従って、本記述は正しい。

C　誤り。「休息時間」に関し、具体的な時間は規定されていない。「労働時間等の設定の改善に関する特別措置法を改正し、事業者は、前日の終業時刻と翌日の始業時刻の間に**一定時間**の休息の確保に努めなければならない旨の努力義務を課し、制度の普及促進に向けて、政府は労使関係者を含む有識者検討会を立ち上げる」（働き方改革実行計画）。従って、本記述は誤っている。

なお、事業主は、その雇用する労働者の労働時間等の設定の改善を図るため、業務の繁閑に応じた労働者の始業及び終業の時刻の設定、健康及び福祉を確保するために必要な終業から始業までの時間の設定、年次有給休暇を取得しやすい環境の整備その他の必要な措置を講ずるように努めなければならない。

以上により、問題文 AB は正しいが、C は誤っている。従って、正解は肢ウとなる。

解答　ウ

問題	過労死に関する以下のアからエまでの記述のうち、最も<u>適切ではない</u>も
033	のを１つ選べなさい。

ア. 過労死等防止対策推進法における「過労死等」とは、業務における過重な負荷による脳血管疾患若しくは心臓疾患を原因とする死亡若しくは業務における強い心理的負荷による精神障害を原因とする自殺による死亡又はこれらの脳血管疾患若しくは心臓疾患若しくは精神障害をいう。

イ. 判例は、使用者は、その雇用する労働者に従事させる業務を定めて管理するに際し、業務の遂行に伴う疲労や心理的負荷等が過度に蓄積して労働者の心身の健康を損なうことがないよう注意する義務を負い、また、使用者に代わって労働者に対し業務上の指揮監督を行う権限を有する者は、使用者の当該注意義務の内容に従って、その権限を行使すべきであるとしている。

ウ. 判例は、過労死による損害賠償請求につき、企業等に雇用される労働者の性格は多様であり、特定の労働者の性格が同種の業務に従事する労働者の個性の多様さとして通常想定される範囲を外れるものでない限り、その性格及びこれに基づく業務遂行の態様等が業務の過重負担に起因して当該労働者に生じた損害の発生または拡大に寄与したとしても、賠償額の決定上斟酌できないとしている。

エ. 過労死を防止するため、使用者はその雇用する労働者の労働時間を適正に把握する必要があるが、自己申告制を導入している事業場において、労働者の長時間労働を防止するためには、時間外労働の時間数に上限を設け、上限を超える申告を認めないなどの措置を講じなければならない。

解　説

本問は、過労死についての理解を問うものである。

ア　正しい。　過労死等防止対策推進法における「過労死等」とは、業務における過重な負荷による脳血管疾患若しくは心臓疾患を原因とする死亡若しくは業務における強い心理的負荷による精神障害を原因とする自殺による死亡又はこれらの脳血管疾患若しくは心臓疾患若しくは精神障害をいう（過労死等防止対策推進法 2 条）。従って、本記述は正しい。

イ　正しい。　判例は、使用者は、その雇用する労働者に従事させる業務を定めて管理するに際し、業務の遂行に伴う疲労や心理的負荷等が過度に蓄積して労働者の心身の健康を損なうことがないよう注意する義務を負い、また、使用者に代わって労働者に対し業務上の指揮監督を行う権限を有する者は、使用者の当該注意義務の内容に従って、その権限を行使すべきであるとしている（最判平 12.3.24 電通事件）。従って、本記述は正しい。

ウ　正しい。　判例は、過労死による損害賠償請求につき、企業等に雇用される労働者の性格は多様であり、特定の労働者の性格が同種の業務に従事する労働者の個性の多様さとして通常想定される範囲を外れるものでない限り、その性格及びこれに基づく業務遂行の態様等が業務の過重負担に起因して当該労働者に生じた損害の発生または拡大に寄与したとしても、賠償額の決定上斟酌できないとしている（最判平 12.3.24 電通事件）。従って、本記述は正しい。

エ　誤　り。　自己申告制は、労働者による適正な申告を前提として成り立つものである。このため、使用者は、労働者が自己申告できる時間外労働の時間数に上限を設け、**上限を超える申告を認めない等、労働者による労働時間の適正な申告を阻害する措置を講じてはならない**。従って、本記述は誤っている。

解答	エ

次の表は、パワーハラスメントの行為類型と具体例の一部を示したものである。表中の（　）に入る<u>適切な語句の組合せ</u>を、以下のアからエまでのうち１つ選びなさい。

行為類型	具体例
（ a ）	会議で課長と異なる意見を発言したら、仕事を取り上げられ、ひたすら掃除をする仕事しか与えられなくなった場合
（ b ）	帰る間際に１人ではできない作業を押しつけられた場合
（ c ）	些細なミスにもかかわらず、上司から職場内の全員に聞こえるような声で「やめちまえ！」と怒鳴られた場合

ア．a. 精神的な攻撃　　b. 個の侵害　　　　c. 身体的な攻撃
イ．a. 精神的な攻撃　　b. 過大な要求　　　c. 身体的な攻撃
ウ．a. 過小な要求　　　b. 個の侵害　　　　c. 精神的な攻撃
エ．a. 過小な要求　　　b. 過大な要求　　　c. 精神的な攻撃

解　説

本問は、パワーハラスメントについての理解を問うものである。

パワーハラスメントの６類型

1）身体的な攻撃	暴行・傷害
2）精神的な攻撃	脅迫・名誉毀損・侮辱・ひどい暴言
3）人間関係からの切り離し	隔離・仲間外し・無視
4）過大な要求	業務上明らかに不要なことや遂行不可能なことの強制、仕事の妨害
5）過小な要求	業務上の合理性なく、能力や経験とかけ離れた程度の低い仕事を命じることや仕事を与えないこと
6）個の侵害	私的なことに過度に立ち入ること

解答	エ

問題 035	次の職場のパワーハラスメントに関する会話文を読み、文章中のアからエまでの下線部の内容のうち、最も適切ではないものを１つ選びなさい。

Ａさん：職場のパワーハラスメントとはなんですか？

Ｂさん：職場のパワーハラスメントとは、同じ職場で働く者に対して、職務上の地位や人間関係などの職場内の優位性を背景に、**(ア) 業務の適正な範囲を超えて、精神的・身体的苦痛を与える又は職場環境を悪化させる行為**と定義されています。この定義においては、**(イ) 上司から部下に対するものに限られ、職務上の地位や人間関係といった「職場内での優位性」**を背景にする行為が該当することを明確にしています。

Ａさん：職場のパワーハラスメントには具体的にどんなものがありますか？

Ｂさん：裁判例や個別労働関係紛争処理事案に基づき、①身体的な攻撃、②精神的な攻撃、③人間関係からの切り離し、④過大な要求、⑤過小な要求、⑥個の侵害の６類型に整理されています。なお、これらは職場のパワーハラスメントに当たりうる行為の**(ウ) すべてについて、網羅するものではない**です。

Ａさん：職場のパワーハラスメントの予防・解決に向けた取組みとして、どのような取組みがあるのでしょうか。

Ｂさん：例えば厚生労働省では、**(エ) ポータルサイトやツイッターによる**企業・労働者の双方に向けた、職場のパワーハラスメント問題の重要性や取組の方法についての情報発信などを行っています。

本問は、パワーハラスメントについての理解を問うものである。

ア　正しい。　職場のパワーハラスメントとは、「同じ職場で働く者に対して、職務上の地位や人間関係などの職場内の優位性を背景に、業務の適正な範囲を超えて、精神的・身体的苦痛を与える又は職場環境を悪化させる行為」と定義されている。従って、本記述は正しい。

イ　誤　り。　職場のパワーハラスメントの定義においては、①**上司から部下に対するものに限られず**、職務上の地位や人間関係といった「職場内での優位性」を背景にする行為が該当すること、②業務上必要な指示や注意・指導が行われている場合には該当せず、「業務の適正な範囲」を超える行為が該当することを明確にしている。従って、本記述は誤っている。

ウ　正しい。　裁判例や個別労働関係紛争処理事案に基づき、①身体的な攻撃、②精神的な攻撃、③人間関係からの切り離し、④過大な要求、⑤過小な要求、⑥個の侵害の6類型に整理されている。なお、これらは職場のパワーハラスメントに当たりうる行為のすべてについて、網羅するものではないことに留意する必要がある。従って、本記述は正しい。

エ　正しい。　厚生労働省では次のような取組を行っている。①社会的気運を醸成するための周知・啓発として、ポータルサイト「あかるい職場応援団」やtwitterアカウントの運営、ポスターやリーフレットの配布により企業・労働者の双方に向けて、問題の重要性や取組の方法についての情報を発信している。②労使の取組の支援として、企業向けのパワーハラスメント対策導入マニュアルの策定やマニュアルを活用したパワーハラスメント対策導入セミナーの全国での開催をしている。従って、本記述は正しい。

解答　**イ**

問題 036

次の図は、パワーハラスメントの予防・解決のために企業が実施している取組として回答率が高かった項目を順に並べたものである。（　　）に入る適切な語句の組合せを、以下のアからエまでのうち1つ選びなさい。

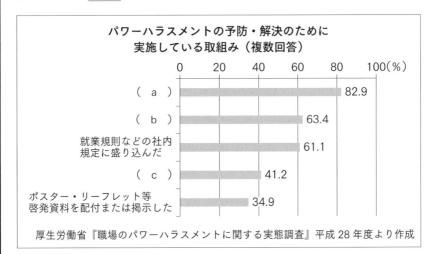

ア. a. 相談窓口を設置
　　b. 管理職を対象にパワーハラスメントについての講演や研修会を実施
　　c. 一般社員等を対象にパワーハラスメントについての講演や研修会を実施
イ. a. 管理職を対象にパワーハラスメントについての講演や研修会を実施
　　b. 相談窓口を設置した
　　c. 一般社員等を対象にパワーハラスメントについての講演や研修会を実施
ウ. a. 一般社員等を対象にパワーハラスメントについての講演や研修会を実施
　　b. 管理職を対象にパワーハラスメントについての講演や研修会を実施
　　c. 相談窓口を設置
エ. a. 相談窓口を設置
　　b. 一般社員等を対象にパワーハラスメントについての講演や研修会を実施
　　c. 管理職を対象にパワーハラスメントについての講演や研修会を実施

解　説

本問は、パワーハラスメントの予防・解決のための取組についての理解を問うものである。

相談窓口を設置した	管理職を対象にパワーハラスメントについての講演や研修会を実施した	就業規則などの社内規定に盛り込んだ	一般社員等を対象にパワーハラスメントについての講演や研修会を実施した	ポスター・リーフレット等啓発資料を配付または提示した	トップの宣言、会社の方針（CSR宣言など）に定めた
82.9%	63.4%	61.1%	41.2%	34.9%	34.9%

解答　ア

問題 037

年次有給休暇に関する以下のアからエまでの記述のうち、最も適切ではないものを1つ選びなさい。

ア. 使用者は、労働者から請求された時季に有給休暇を与えることが事業の正常な運営を妨げる場合においては、他の時季にこれを与えることができる。

イ. 「年次有給休暇の計画的付与制度（計画年休）」とは、年次有給休暇のうち、5日を超える分については、労使協定を結べば、計画的に休暇取得日を割り振ることができる制度である。

ウ. 使用者は、当該事業場の労働者の過半数を代表する者と書面で労使協定を締結することにより時間を単位として年次有給休暇を与えることができる。

エ. 年次有給休暇の権利は、労働者がその雇入れの日から起算して6か月間継続勤務し全労働日の8割以上出勤しただけで当然に生じるものではなく、当該労働者が、使用者に対して、時季を指定して年次有給休暇の取得を請求した場合に初めて生じる権利である。

本問は、年次有給休暇についての理解を問うものである。

ア　正しい。 使用者は、労働者から請求された時季に有給休暇を与えることが事業の正常な運営を妨げる場合においては、他の時季にこれを与えることができる（労働基準法39条5項）。従って、本記述は正しい。

イ　正しい。 「年次有給休暇の計画的付与制度（計画年休）」とは、年次有給休暇のうち、5日を超える分については、労使協定を結べば、計画的に休暇取得日を割り振ることができる制度である（労働基準法39条6項）。従って、本記述は正しい。

ウ　正しい。 使用者は、当該事業場の労働者の過半数を代表する者と書面で労使協定を締結することにより時間を単位として年次有給休暇を与えることができる（労働基準法39条4項）。従って、本記述は正しい。

エ　誤り。 判例は、「労働基準法39条1項、2項の要件充足による年次有給休暇の権利は、**法律上当然に労働者に生ずる権利であって**、労働者の請求をまって初めて生ずるものではなく、また、同条3項にいう請求とは、休暇の時季にのみかかる文言であって、その趣旨は、休暇の時季の指定にほかならないものと解すべきである」としている（最判昭48.3.2 白石営林署事件）。従って、本記述は誤っている。

解答　エ

問題 038

年次有給休暇に関する以下のアからエまでの記述のうち、最も適切では
ないものを１つ選びなさい。

ア. 使用者は、その雇入れの日から起算して６か月間継続勤務し、全労働日
の８割以上出勤した労働者に対して、継続し、または分割した 10 労働
日の有給休暇を与えなければならない。

イ. 継続勤務は、事業場における在籍期間を意味し、勤務の実態に即して実
質的に判断されることから、臨時労働者の正社員への採用、在籍での出
向、休職者の復職などは実態からみて継続勤務となり得る。

ウ. 使用者の時季変更権が認められるには、「事業の正常な運営を妨げる場
合」であること、すなわち当該労働者の年休指定日の労働がその者の担
当業務を含む相当な単位の業務の運営にとって不可欠であり、かつ、代
替要員を確保するのが困難であることが必要である。

エ. 判例によれば、年休自由利用の原則が認められるが、労働者が年次有給
休暇を請求する際に具申した使途と別の使途に年休を用いることは、使
用者に不測の不利益を与える可能性があるので許されない。

本問は、年次有給休暇についての理解を問うものである。

ア　正しい。 年次有給休暇の成立要件は、労働者が 6 か月間継続勤務し、全労働日の 8 割以上出勤することである（労働基準法 39 条 1 項）。従って、本記述は正しい。

イ　正しい。 「継続勤務」は、事業場における在籍期間を意味し、勤務の実態に即して実質的に判断される。臨時労働者の正社員への採用、定年退職者の嘱託としての再採用、短期労働契約の更新、在籍での出向、休職者の復職などは、実態からみて「継続勤務」となり得る（東京高判平成 11.9.30）。従って、本記述は正しい。

ウ　正しい。 使用者は「事業の正常な運営を妨げる場合」に時季変更権が認められるが、「事業の正常な運営を妨げる場合」にあたるには、当該労働者の年休指定日の労働がその者の担当業務を含む相当な単位の業務の運営にとって不可欠であり、かつ、代替要員を確保するのが困難であることが必要である。従って、本記述は正しい。

エ　誤　り。 判例によれば、「年次休暇の利用目的は労基法の関知しないところであり、休暇をどのように利用するかは、使用者の干渉を許さない労働者の自由である」としている（最判昭 48.3.2）。この原則の帰結として、労働者は年次有給休暇（年休）を請求する際に、**その使途を具申することを要しないし、具申した使途と別の使途に年休を用いたとしても何ら成立には影響がない**。従って、本記述は誤っている。

解答　エ

問題 039

年次有給休暇の付与日数に関する次の図の（　　）に入る<u>適切な日数の</u>組合せを、下記の有給休暇取得の経過説明を参考にし、以下のアからエまでのうち1つ選びなさい。

・平成26年4月1日に入社し、同年9月30日までの出勤率が8割以上である。
・平成26年10月1日から平成27年9月30日までの間は私病の為、出勤率が8割未満である。
・平成27年10月1日から平成28年9月30日までの出勤率が8割以上である。
・平成28年10月1日から平成29年9月30日までの出勤率が8割以上である。

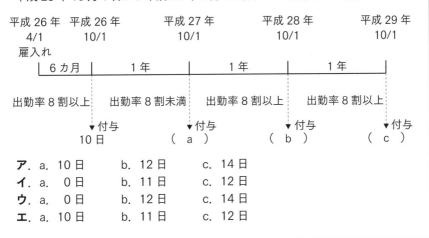

ア. a. 10日　　b. 12日　　c. 14日
イ. a. 0日　　b. 11日　　c. 12日
ウ. a. 0日　　b. 12日　　c. 14日
エ. a. 10日　　b. 11日　　c. 12日

本問は、年次有給休暇の付与日数についての理解を問うものである。

①使用者は、年次有給休暇は雇入れの日から起算して、6か月間継続勤務し、その6か月間の全労働日の8割以上出勤した労働者に対して、継続または分割した10日の有給休暇を与えなければならない（労働基準法39条1項）。

②使用者は、1年6か月以上継続勤務した労働者に対しては、雇入れの日から起算して6か月を超えて継続勤務する日から起算した継続勤務年数1年ごとに、10労働日に、次の表の左欄に掲げる6か月経過日から起算した継続勤務年数の区分に応じ同表の右欄に掲げる労働日を加算した有給休暇を与えなければならない。ただし、継続勤務した期間を6か月経過日から1年ごとに区分した各期間（最後に1年未満の期間を生じたときは、当該期間）の初日の前日の属する期間において出勤した日数が全労働日の8割未満である者に対しては、当該初日以後の1年間においては有給休暇を与えることを要しない（労働基準法39条2項）。

六箇月経過日から起算した継続勤務年数	労働日
一年	一労働日
二年	二労働日
三年	四労働日
四年	六労働日
五年	八労働日
六年以上	十労働日

解答　ウ

問題 040

働き方改革関連法で義務化された年次有給休暇の時季指定義務に関する次の文章中の（　）に入る<u>適切な語句の組合せ</u>を、以下のアからエまでのうち1つ選びなさい。

　年次有給休暇は、原則として、労働者が請求する時季に与えることとされているが、職場への配慮やためらい等の理由から取得率が低調な現状にあり、年次有給休暇の取得促進が課題となっている。

　このため、今般、労働基準法が改正され、2019年4月から、全ての企業において、年（　a　）以上の年次有給休暇が付与される労働者に対して、年次有給休暇の日数のうち年（　b　）については、（　c　）が時季を指定して取得させることが必要となった。

【時季指定義務のポイント】
①対象者は、年次有給休暇が（a）以上付与される労働者（管理監督者を含む）に限る。
②労働者ごとに、年次有給休暇を付与した日（基準日）から1年以内に（b）について、（c）が取得時季を指定して与える必要がある。
③年次有給休暇を（b）以上取得済みの労働者に対しては、（c）による時季指定は不要である。

ア. a. 10日　　b. 5日　　c. 使用者
イ. a. 15日　　b. 10日　　c. 労働者
ウ. a. 15日　　b. 10日　　c. 使用者
エ. a. 10日　　b. 5日　　c. 労働者

本問は、年次有給休暇の時季指定義務についての理解を問うものである。

　　年次有給休暇は、原則として、労働者が請求する時季に与えることとされているが、職場への配慮やためらい等の理由から取得率が低調な現状にあり、年次有給休暇の取得促進が課題となっている。

　　このため、今般、労働基準法が改正され、2019 年 4 月から、全ての企業において、年（a．10 日）以上の年次有給休暇が付与される労働者に対して、年次有給休暇の日数のうち年（b．5 日）については、（c．使用者）が時季を指定して取得させることが必要となった。

【時季指定義務のポイント】
①対象者は、年次有給休暇が 10 日以上付与される労働者（管理監督者を含む）に限る。
②労働者ごとに、年次有給休暇を付与した日（基準日）から 1 年以内に 5 日について、使用者が取得時季を指定して与える必要がある。
③年次有給休暇を 5 日以上取得済みの労働者に対しては、使用者による時季指定は不要である。

解答　ア

問題 041 月60時間超の割増賃金に関する次の文章中の（　　）に入る<u>適切な語</u>句の組合せを、以下のアからエまでのうち1つ選びなさい。

　長時間労働を抑制し、労働者の健康確保や、仕事と生活の調和を図ることを目的とする「労働基準法の一部を改正する法律」が、平成22年4月1日から施行され、大企業では1か月に60時間を超える法定時間外労働を行わせた場合、（　a　）以上の割増賃金を支払う義務が課せられることとなったが、中小企業では、当分の間、猶予されていた。

　中小企業とは、資本金の額又は出資の総額が（　b　）（小売業又はサービス業を主たる事業とする事業主については5,000万円、卸売業を主たる事業とする事業主については1億円）以下である事業主及びその常時使用する労働者の数が（　c　）（小売業を主たる事業とする事業主については50人、卸売業又はサービス業を主たる事業とする事業主については100人）以下である事業主をいう。

　2018年6月に働き方改革関連法が国会で成立し、労働基準法の改正により、中小企業の割増賃金にかかる猶予措置の廃止時期は、2023年4月1日となった。

ア. a. 50%　　　b. 3億円　　　c. 300人
イ. a. 50%　　　b. 2億円　　　c. 200人
ウ. a. 60%　　　b. 2億円　　　c. 300人
エ. a. 60%　　　b. 3億円　　　c. 200人

本問は、月 60 時間超の割増賃金についての理解を問うものである。

　　長時間労働を抑制し、労働者の健康確保や、仕事と生活の調和を図ることを目的とする「労働基準法の一部を改正する法律」が、平成 22 年 4 月 1 日から施行され、大企業では 1 か月に 60 時間を超える法定時間外労働を行わせた場合、（**a. 50％**）以上の割増賃金を支払う義務が課せられることとなった（労働基準法 37 条 1 項ただし書）が、中小企業では、当分の間、猶予されていた（同法 138 条）。

　　中小企業とは、資本金の額又は出資の総額が（**b. 3 億円**）（小売業又はサービス業を主たる事業とする事業主については 5,000 万円、卸売業を主たる事業とする事業主については 1 億円）以下である事業主及びその常時使用する労働者の数が（**c. 300 人**）（小売業を主たる事業とする事業主については 50 人、卸売業又はサービス業を主たる事業とする事業主については 100 人）以下である事業主をいう（整備法附則 3 条 1 項）。

　　2018 年 6 月に働き方改革関連法が国会で成立し、労働基準法の改正により、中小企業の割増賃金にかかる猶予措置の廃止時期は、2023 年 4 月 1 日となった。

解答　　ア

問題 042

次の図は、企業側が兼業・副業を認めるにあたっての課題・懸念に関する調査において、回答率が高かった項目を順に並べたものである。図中の（　　）に入る適切な語句の組合せを、以下のアからエまでのうち1つ選びなさい。

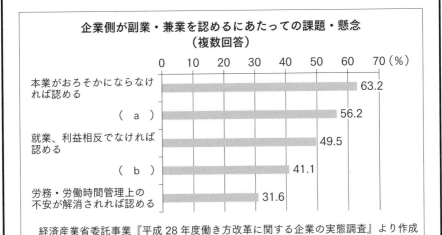

ア．a. 長時間労働につながらなければ認める
　　b. 人材流出のリスクがなければ認める
イ．a. 長時間労働につながらなければ認める
　　b. 情報漏えいのリスクがなければ認める
ウ．a. 情報漏えいのリスクがなければ認める
　　b. 長時間労働につながらなければ認める
エ．a. 情報漏えいのリスクがなければ認める
　　b. 人材流出のリスクがなければ認める

本問は、兼業・副業についての理解を問うものである。

　兼業・副業承認の障壁では、「本業がおろそかにならなければ認める」（63.2％）、「情報漏えいのリスクがなければ認める」（56.2％）、「競業、利益相反でなければ認める」（49.5％）、「長時間労働につながらなければ認める」（41.1％）が、いずれも4割～6割と高く、兼業・副業を承認する上での懸念事項は、多くの場合1つではないことが窺える。その他では、「労災基準が明確になれば認める」（15.8％）、「人材流出のリスクがなければ認める（27.4％）」となっている。

解答　ウ

問題 043

次の図は、企業におけるテレワークの実施目的に関する調査で回答率の高かった項目を順に並べたものである。図中の（　　）に入る<u>適切な語句</u>の組合せを、以下のアからエまでのうち1つ選びなさい。

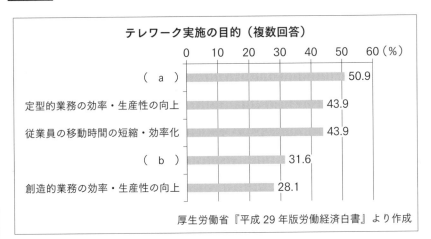

テレワーク実施の目的（複数回答）

項目	（%）
（ a ）	50.9
定型的業務の効率・生産性の向上	43.9
従業員の移動時間の短縮・効率化	43.9
（ b ）	31.6
創造的業務の効率・生産性の向上	28.1

厚生労働省『平成29年版労働経済白書』より作成

ア．a. 家庭生活を両立させる従業員への対応
　　b. 優秀な人材の雇用確保
イ．a. 従業員のゆとりと健康的な生活の確保
　　b. 家庭生活を両立させる従業員への対応
ウ．a. 家庭生活を両立させる従業員への対応
　　b. 従業員のゆとりと健康的な生活の確保
エ．a. 優秀な人材の雇用確保
　　b. 家庭生活を両立させる従業員への対応

本問は、テレワークの実施目的についての理解を問うものである。

　　テレワークの実施目的をみてみると「定型的業務の効率・生産性の向上」が
43.9％と高くなっているが、そのほか「家庭生活を両立させる従業員への対応」
「従業員の移動時間の短縮・効率化」「従業員のゆとりと健康的な生活の確保」が、
それぞれ50.9％、43.9％、31.6％となっているようにワーク・ライフ・バラン
スを配慮した目的の割合も高くなっていることが分かり、企業が労働生産性の向
上のみならず従業員のワーク・ライフ・バランスに資する目的でテレワークを実
施していることがうかがえる。
　　なお、「優秀な人材の雇用確保」は22.8％となっている。

解答　ウ

問題 044　雇用型テレワークに関する以下のアからエまでの記述のうち、最も<u>適切</u>ではないものを1つ選びなさい。

ア. 使用者は、労働時間を適正に管理するため、従業員の労働日ごとの始業・就業時刻を確認し、これを記録しなければならない。

イ. サテライト型テレワークとは、ノートパソコン、携帯電話等を活用して、自社の他事業所又は共同利用型のオフィス等で行うテレワークである。

ウ. モバイル型テレワークとは、ノートパソコン、携帯電話等を活用して、顧客先・訪問先・外回り先、喫茶店・図書館・出張先のホテル等または移動中に行うテレワークのことである。

エ. 在宅勤務型テレワークを行う従業員に対し、就業規則に定めがなくても、通信費や情報通信機器等の費用を負担させることができる。

解　説

本問は、雇用型テレワークについての理解を問うものである。

ア　正しい。 使用者は、労働時間を適正に管理するため、従業員の労働日ごとの始業・就業時刻を確認し、これを記録しなければならない。従って、本記述は正しい。

イ　正しい。 サテライト型テレワークとは、ノートパソコン、携帯電話等を活用して、自社の他事業所又は共同利用型のオフィス等で行うテレワークである。従って、本記述は正しい。

ウ　正しい。 モバイル型テレワークとは、ノートパソコン、携帯電話等を活用して、顧客先・訪問先・外回り先、喫茶店・図書館・出張先のホテル等または移動中に行うテレワークのことである。従って、本記述は正しい。

エ　誤　り。 自宅でテレワークを行う際は、費用負担について予め決めておく必要がある。なお、在宅勤務等を行う労働者に、**通信費や情報通信機器等の費用を負担させる場合には、就業規則にその旨を定めなければならない**（労働基準法89条）。従って、本記述は誤っている。

解答　エ

<table>
<tr><td>問題
045</td><td>次の図は、多様な人材の能力が十分に発揮されている企業における雇用管理に関する取組の中で主な実施項目を表したものである。図中の（　　）に入る<u>適切</u>な語句の組合せを、以下のアからエまでのうち1つ選びなさい。</td></tr>
</table>

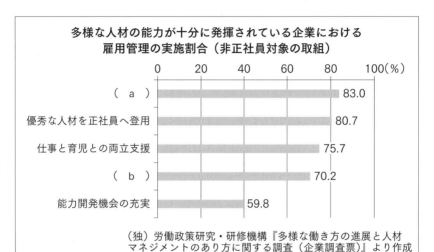

多様な人材の能力が十分に発揮されている企業における
雇用管理の実施割合（非正社員対象の取組）

項目	割合
（　a　）	83.0
優秀な人材を正社員へ登用	80.7
仕事と育児との両立支援	75.7
（　b　）	70.2
能力開発機会の充実	59.8

（独）労働政策研究・研修機構『多様な働き方の進展と人材
マネジメントのあり方に関する調査（企業調査票）』より作成

ア. a. 職場の人間関係やコミュニケーションの円滑化
　　　 b. 人事評価に関する公正性、納得性の向上
イ. a. 従業員間の不合理な待遇格差の解消
　　　 b. 職場の人間関係やコミュニケーションの円滑化
ウ. a. 職場の人間関係やコミュニケーションの円滑化
　　　 b. 従業員間の不合理な待遇格差の解消
エ. a. 人事評価に関する公正性、納得性の向上
　　　 b. 職場の人間関係やコミュニケーションの円滑化

解　説

本問は、働き方の多様化に応じた雇用管理についての理解を問うものである。

職場の人間関係やコミュニケーションの円滑化	優秀な人材を正社員へ登用	仕事と育児との両立支援	従業員間の不合理な待遇格差の解消	能力開発機会の充実	人事評価に関する公正性、納得性の向上
83.0%	80.7%	75.7%	70.2%	59.8%	64.0%

解答　ウ

多様な働き方に向けた制度面の課題に関する以下のアからエまでの記述のうち、最も<u>適切ではない</u>ものを1つ選びなさい。

ア． 性別・年齢階級別に平均勤続年数の推移をみると、全般的に緩やかな減少傾向がみられ、Kawaguchi and Ueno（2013）による実証研究では、教育年数等をコントロールしても、より若い世代においては勤続年数の低下が観測されており、企業規模や産業によらず長期雇用が減少していることを指摘している。

イ． 企業意識調査の結果から、従業員の多様化に対応するべく、年齢や勤続年数にこだわらず、より適切なマネジメントができる人や専門性の高い人を管理職に昇進させていることが推察される。

ウ． 多様な従業員が存在する中では、昇進が遅い場合、その管理職としての経験が年を取らないと得られないため、若い世代における人材育成機会の損失につながることが指摘されている。

エ． 多様な働き方ができるようになり、雇用が流動化した際には、より効率的に労働需給のマッチングを行うことが重要となってくる。特に、技術進歩に伴い、非定型業務から定型業務の職業へと労働移動を促進する際には、定型の高スキルを必要とする職業のマッチングを効果的に行うことが必要不可欠である。

解　説

本問は、多様な働き方に向けた制度面の課題についての理解を問うものである。

ア 正しい。　性別・年齢階級別に平均勤続年数の推移をみると、全般的に緩やかな減少傾向がみられ、Kawaguchi and Ueno（2013）による実証研究では、教育年数等をコントロールしても、より若い世代においては勤続年数の低下が観測されており、企業規模や産業によらず長期雇用が減少していることを指摘している。従って、本記述は正しい。

イ 正しい。　企業意識調査の結果から、従業員の多様化に対応するべく、年齢や勤続年数にこだわらず、より適切なマネジメントができる人や専門性の高い人を管理職に昇進させていることが推察される。従って、本記述は正しい。

ウ 正しい。　多様な従業員が存在する中では、昇進が遅い場合、その管理職としての経験が年を取らないと得られないため、若い世代における人材育成機会の損失につながることが指摘されている。従って、本記述は正しい。

エ 誤　り。　多様な働き方ができるようになり、雇用が流動化した際には、より効率的に労働需給のマッチングを行うことが重要となってくる。特に、技術進歩に伴い、**定型業務から非定型業務**の職業へと労働移動を促進する際には、**非定型**の高スキルを必要とする職業のマッチングを効果的に行うことが必要不可欠である。従って、本記述は誤っている。

解答　エ

問題 047	次の図は、限定正社員制度を導入している企業に対して行った限定正社員制度導入の目的調査において、回答率が高かった項目を順に並べたものである。（　　）に入る適切な語句の組合せを、以下のアからエまでのうち1つ選びなさい。

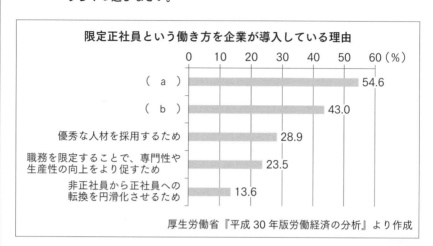

限定正社員という働き方を企業が導入している理由

項目	%
（　a　）	54.6
（　b　）	43.0
優秀な人材を採用するため	28.9
職務を限定することで、専門性や生産性の向上をより促すため	23.5
非正社員から正社員への転換を円滑化させるため	13.6

厚生労働省『平成30年版労働経済の分析』より作成

ア. a. 人材の特性に合わせた多様な雇用管理を行うため
　　 b. 仕事と育児・介護・病気治療の両立を支援するため

イ. a. 人材の特性に合わせた多様な雇用管理を行うため
　　 b. 人件費の節約のため

ウ. a. 仕事と育児・介護・病気治療の両立を支援するため
　　 b. 人材の特性に合わせた多様な雇用管理を行うため

エ. a. 仕事と育児・介護・病気治療の両立を支援するため
　　 b. 人件費の節約のため

解　説

本問は、限定正社員についての理解を問うものである。

仕事と育児・介護・病気治療の両立を支援するため	人材の特性に合わせた多様な雇用管理を行うため	優秀な人材を採用するため	職務を限定することで、専門性や生産性の向上をより促すため	非正社員から正社員への転換を円滑化させるため	人件費の節約のため
54.6%	43.0%	28.9%	23.5%	13.6%	10.3%

解答　ウ

問題 048	短時間正社員に関する以下のアからエまでの記述のうち、最も適切ではないものを1つ選びなさい。

ア. 短時間正社員制度は、これまで企業が正社員に求めていた働き方では活躍できなかった意欲・能力の高い人材を新たに正社員として確保・活用できる制度である。

イ. 短時間正社員は、無期労働契約を締結し、時間当たりの基本給および賞与・退職金等の算定方法等がフルタイム正社員と同等であるが、フルタイム正社員と比較して、1週間の所定労働時間が短い労働者である。

ウ. 厚生労働省は、「短時間正社員制度導入支援マニュアル」を策定・公表し、「短時間正社員制度導入支援ナビ」を運用している。

エ. 厚生労働省の平成29年度雇用均等基本調査によると、短時間正社員制度（育児・介護のみを理由とする短時間・短日勤務は除く）がある事業所の割合は、約5割である。

解　説

本問は、短時間正社員についての理解を問うものである。

ア 正しい。　短時間正社員制度は、これまで企業が正社員に求めていた働き方では活躍できなかった意欲・能力の高い人材を新たに正社員として確保・活用できる制度である。従って、本記述は正しい。

イ 正しい。　短時間正社員とは、フルタイム正社員と比較して、1週間の所定労働時間が短い正規型の社員であって、次のいずれにも該当する社員のことをいう。①期間の定めのない労働契約（無期労働契約）を締結していること、②時間当たりの基本給及び賞与・退職金等の算定方法等が同種のフルタイム正社員と同等であること。従って、本記述は正しい。

ウ 正しい。　厚生労働省は、「短時間正社員制度導入支援マニュアル」を策定・公表し、「短時間正社員制度導入支援ナビ」を運用している。従って、本記述は正しい。

エ 誤　り。　厚生労働省の平成29年度雇用均等基本調査によると、短時間正社員制度（育児・介護のみを理由とする短時間・短日勤務は除く）がある事業所の割合は、**20.8%**である。従って、本記述は誤っている。

解答　エ

問題 049	フレックスタイム制に関する以下のアからエまでの記述のうち、最も適切ではないものを１つ選びなさい。

ア．フレックスタイム制の要件として、就業規則その他これに準ずるものに始業及び終業の時刻を労働者の決定にゆだねる旨を定めなければならない。

イ．フレックスタイム制の要件として、一定の事項を定めた労使協定を締結することが必要である。

ウ．フレックスタイム制の要件として、労働者がその選択により労働することができる時間帯（フレキシブルタイム）を必ず設定しなければならない。

エ．清算期間における実際の労働時間に不足があった場合、法定労働時間の総枠の範囲内である限り、その不足した時間分は次の清算期間の総労働時間に上積みして労働させることができる。

解 説

本問は、フレックスタイム制についての理解を問うものである。

ア 正しい。 フレックスタイム制の要件として、就業規則その他これに準ずるものに始業及び終業の時刻を労働者の決定にゆだねる旨を定めなければならない（労働基準法32条の3）。従って、本記述は正しい。

イ 正しい。 フレックスタイム制の要件として、一定の事項を定めた労使協定を締結することが必要である（労働基準法32条の3）。従って、本記述は正しい。

ウ 誤 り。 「必ず設定しなければならない」が誤りである。「労働者がその選択により労働することができる**時間帯（フレキシブルタイム）に制限を設ける場合には、その時間帯の開始及び終了時刻を記載しなければならない**」（労働基準法32条の3、労働基準法施行規則12条の3）。従って、本記述は誤っている。

エ 正しい。 清算期間における実際の労働時間に不足があった場合、法定労働時間の総枠の範囲内である限り、その不足した時間分は次の清算期間の総労働時間に上積みして労働させることができる（労働基準法32条の3、S63.1.1 基発1号）。従って、本記述は正しい。

解答	ウ

問題 050

フレックスタイム制に関する次の文章中の（　）に入る適切な語句の組合せを、以下のアからエまでのうち1つ選びなさい。

【フレックスタイム制における清算期間が1か月を超え（　a　）である場合の過重労働防止】

　清算期間を（a）に延長することより、清算期間内の働き方によっては、各月における労働時間の長短の幅が大きくなることが生じ得る。

　このため、対象労働者の過重労働を防止する観点から、清算期間が1か月を超える場合には、当該清算期間を1か月ごとに区分した各期間（最後に1か月未満の期間を生じたときには、当該期間）ごとに当該各期間を平均し1週間当たりの労働時間が（　b　）を超えないものとしなければならない。

　また、フレックスタイム制の導入に当たり、清算期間が1か月を超える場合においては、締結される労使協定について、（　c　）。

ア. a. 3か月以内　　b. 45時間
　　c. 所轄労働基準監督署長の許可を得なければならない

イ. a. 3か月以内　　b. 50時間
　　c. 所轄労働基準監督署長に届け出なければならない

ウ. a. 6か月以内　　b. 45時間
　　c. 所轄労働基準監督署長の許可を得なければならない

エ. a. 6か月以内　　b. 50時間
　　c. 所轄労働基準監督署長に届け出なければならない

解　説

本問は、フレックスタイム制についての理解を問うものである。

【フレックスタイム制における清算期間が 1 か月を超え（**a. 3 か月以内**）である場合の過重労働防止】

　清算期間を **3 か月以内**に延長することより、清算期間内の働き方によっては、各月における労働時間の長短の幅が大きくなることが生じ得る。

　このため、対象労働者の過重労働を防止する観点から、清算期間が 1 か月を超える場合には、当該清算期間を 1 か月ごとに区分した各期間（最後に 1 か月未満の期間を生じたときには、当該期間）ごとに当該各期間を平均し、1 週間当たりの労働時間が（**b. 50 時間**）を超えないものとしなければならない。

　また、フレックスタイム制の導入に当たり、清算期間が 1 か月を超える場合においては、締結される労使協定について、（**c. 所轄労働基準監督署長に届け出なければならない**）。

解答　イ

問題 051

労働基準法における変形労働時間制に関する以下のアからエまでの記述のうち、最も適切ではないものを1つ選びなさい。

ア. 1か月単位の変形労働時間制を採用する場合において、使用者は、当該変形労働期間を平均して1週間当たりの労働時間が40時間以内であれば、業務の都合に合わせて任意に労働時間を変更することができる。

イ. 1年単位の変形労働時間制を採用するためには、労使協定を結ぶ際に、対象となる労働者の範囲を定めなければならない。

ウ. 常時使用する労働者の数が30人未満の旅館業を営む事業場は、労使協定を締結し、所轄労働基準監督署長に届け出れば、1週間単位の非定型的変形労働時間制を採用することができる。

エ. フレックスタイム制を採用するためには、当該事業場の労働者の過半数で組織する労働組合がある場合においてはその労働組合、労働者の過半数で組織する労働組合がない場合においては労働者の過半数を代表する者との書面による協定を締結しなければならない。

本問は、変形労働時間制についての理解を問うものである。

ア　誤　り。　1か月単位の変形労働時間制を採用する場合には、労使協定による定め又は就業規則その他これに準ずるものにより、変形期間における各日、各週の労働時間を具体的に定めることを要し、変形期間を平均し週40時間の範囲内であっても**使用者が業務の都合によって任意に労働時間を変更するような制度はこれに該当しない**（労働基準法32条の2、昭63.1.1 基発1号、平9.3.25 基発195号、平11.3.31 基発168号）。従って、本記述は誤っている。

イ　正しい。　1年単位の変形労働時間制を採用するためには、労使協定を結ぶ際に、対象となる労働者の範囲を定めなければならない（労働基準法32条の4第1号）。従って、本記述は正しい。

ウ　正しい。　常時使用する労働者の数が30人未満の旅館業を営む事業場は、労使協定を締結し、所轄労働基準監督署長に届出れば、1週間単位の非定型的変形労働時間制を採用することができる。（労働基準法32条の5、労働基準法施行規則12条の5第1項・2項）。従って、本記述は正しい。

エ　正しい。　フレックスタイム制を採用するためには、当該事業場の労働者の過半数で組織する労働組合がある場合においてはその労働組合、労働者の過半数で組織する労働組合がない場合においては労働者の過半数を代表する者との書面による協定を締結しなければならない（労働基準法32条の3）。従って、本記述は正しい。

解答　ア

問題 052

事業場外労働のみなし労働時間制に関する以下のアからエまでの記述の
うち、最も適切ではないものを1つ選びなさい。

ア. 労働者が労働時間の全部又は一部について事業場外で業務に従事した場
合において、労働時間を算定し難いときは、所定労働時間労働したもの
とみなす。

イ. 労使協定で定める事業場外のみなし労働時間が法定労働時間を超える場
合は、労使協定を所定の様式により所轄労働基準監督署長に届け出る必
要がある。

ウ. 事業場外労働のみなし労働時間制により算定されるみなし労働時間と別
途把握した事業場内の業務に従事した時間の合計が1日8時間を超える
など法定労働時間を超えた場合においても、所定労働時間労働したもの
とみなされる。

エ. 事業場外労働のみなし労働時間制が適用される場合であっても、深夜労
働の規定は排除されない。

本問は、事業場外労働のみなし労働時間制についての理解を問うものである。

ア　正しい。 労働者が労働時間の全部又は一部について事業場外で業務に従事した場合において、労働時間を算定し難いときは、所定労働時間労働したものとみなす（労働基準法38条の2第1項）。従って、本記述は正しい。

イ　正しい。 労使協定で定める事業場外のみなし労働時間が法定労働時間（1日8時間）を超える場合は、労使協定を所定の様式により所轄労働基準監督署長に届け出る必要がある（労働基準法38条の2）。従って、本記述は正しい。

ウ　誤り。 事業場外労働のみなし労働時間制は労働基準法第4章の労働時間に関する規定（法定労働時間、時間外労働、時間外労働の割増賃金に関する規定等）の適用に係る労働時間の算定に適用することとされている。よって、事業場外労働のみなし労働時間制により算定されるみなし労働時間と別途把握した事業場内の業務に従事した時間の合計が1日8時間を超えるなど法定労働時間を超える場合には、**法定労働時間を超えた時間は時間外労働となり、2割5分増以上の割増賃金を支払う必要がある**。従って、本記述は誤っている。

エ　正しい。 事業場外労働のみなし労働時間制が適用される場合であっても、深夜労働の規定（労働基準法第37条4項）は適用されるので、午後10時から午前5時までの間に実際に労働したときは、その時間については2割5分増以上の割増賃金を支払う必要がある。従って、本記述は正しい。

解答　ウ

問題 053　裁量労働制に関する以下のアからエまでの記述のうち、最も適切ではないものを１つ選びなさい。

ア. 専門業務型裁量労働制とは、使用者が、業務の性質上労働者の裁量が大幅に認められるものとして厚生労働省令で定められる一定の業務について、事業場の過半数代表と労使協定を締結し、一定の事項を定めて行政官庁に届け出た場合、その労働者が当該業務について労使協定で定めた時間だけ労働したものとみなされる制度である。

イ. 専門業務型裁量労働制の対象業務として、新商品若しくは新技術の研究開発又は人文科学若しくは自然科学に関する研究の業務が挙げられる。

ウ. 裁量労働制は、出退勤を含めた業務遂行の方法を労働者の裁量に委ねられていることから、休憩、休日、深夜労働の法規制は適用除外になっている。

エ. 企画業務型裁量労働制の対象業務とは、事業の運営に関する事項についての企画、立案、調査及び分析の業務であると規定しているが、ここでいう業務とは、部署が所掌する業務ではなく、個々の労働者が使用者に遂行を命じられた業務のことである。

本問は、裁量労働制についての理解を問うものである。

ア　正しい。　専門業務型裁量労働制とは、使用者が、業務の性質上労働者の裁量が大幅に認められるものとして厚生労働省令で定められる一定の業務について、事業場の過半数代表と労使協定を締結し、一定の事項を定めて行政官庁に届け出た場合、その労働者が当該業務について労使協定で定めた時間だけ労働したものとみなされる制度である（労働基準法38条の3）。従って、本記述は正しい。

イ　正しい。　専門業務型裁量労働制の対象業務は、「業務の性質上その遂行の方法を大幅に当該業務に従事する労働者の裁量にゆだねる必要があるため、当該業務の遂行の手段及び時間配分の決定等に関し使用者が具体的な指示をすることが困難なものとして厚生労働省令で定める業務」である。省令では新商品若しくは新技術の研究開発又は人文科学若しくは自然科学に関する研究の業務、情報処理システムの分析又は設計の業務などが列挙されている（労働基準法38条の3第1項1号、労働基準法施行規則24条の2の2第2項）。従って、本記述は正しい。

ウ　誤　り。　裁量労働制においても、休憩、休日、時間外・休日労働、深夜業の法規制は適用される（労働基準法38条の3第1項、38条の4第1項 S.63.3.14基発150号　H12.1.1基発1号）。従って、本記述は誤っている。

エ　正しい。　企画業務型裁量労働制の対象業務とは、事業の運営に関する事項についての企画、立案、調査及び分析の業務であると規定している（労働基準法38条の4第1項1号）が、ここでいう業務とは、部署が所掌する業務ではなく、個々の労働者が使用者に遂行を命じられた業務のことである（H15.12.26基発1226002号）。従って、本記述は正しい。

解答　ウ

問題 054

1人の人や1つの世帯が同時期に介護と育児の両方に直面する「ダブルケア」の問題に関する以下のアからエまでの記述のうち、最も適切ではないものを1つ選びなさい。

ア. 厚生労働白書によれば、40歳以上の男女を対象にダブルケアの問題が身近な問題であるかどうか尋ねたところ、約半数の人が「思う」「どちらかというと思う」と回答した。

イ. 厚生労働白書によれば、ダブルケアを行う者の推計人口は25万人超となっており、男女別でみると、男性の方が女性の約2倍であり、男性により負担が偏っている。

ウ. 厚生労働白書によれば、ダブルケアを行う者の年齢構成別の内訳では、ダブルケアを行う者は30歳～40歳代が多く、男女ともに全体の8割を占めている。

エ. 厚生労働白書によれば、ダブルケアに直面する前に就業していた者のうち、ダブルケアに直面したことにより、「業務量や労働時間を減らした」者は、男性で約2割、女性で約4割となっている。

本問は、ダブルケアについての理解を問うものである。

ア　正しい。 40歳以上の男女を対象に「ダブルケア」の問題が身近な問題であるかどうかを尋ねた厚生労働省の委託調査では、45.4％と約半数の人が「ダブルケア」の問題を身近な問題として「思う」「どちらかというと思う」と回答している（内閣府委託調査「実態がうかがえる育児と介護のダブルケアの実態に関する調査」2016）。従って、本記述は正しい。

イ　誤り。 ダブルケアを行う者の推計人口は25万3千人となっており、男女別では、男性が8万5千人、女性が16万8千人と**女性が男性の約2倍であり、女性により負担が偏っている**（内閣府委託調査「実態がうかがえる育児と介護のダブルケアの実態に関する調査」2016）。従って、本記述は誤っている。

ウ　正しい。 内閣府の調査によれば、年齢構成別の内訳では、ダブルケアを行う者は30歳～40歳代が多く、男女ともに全体の8割を占めている（内閣府委託調査「実態がうかがえる育児と介護のダブルケアの実態に関する調査」2016）。従って、本記述は正しい。

エ　正しい。 ダブルケアに直面する前に就業していた者のうち、ダブルケアに直面したことにより、「業務量や労働時間を減らした」者は、男性で約2割、女性で約4割となっている（内閣府委託調査「実態がうかがえる育児と介護のダブルケアの実態に関する調査」2016）。従って、本記述は正しい。

解答　イ

問題 055

障害者支援の総合的な推進に関する以下のアからエまでの記述のうち、最も適切ではないものを 1 つ選びなさい。

ア. 障害者雇用率制度は、障害者の雇用促進の柱であり、1976 年の障害者雇用促進法改正により、障害者雇用を義務化して以降、本制度を確実に履行させるために、ハローワークが事業主に対する指導を実施している。

イ. 精神障害者の就労支援については、ハローワークに「精神障害者雇用トータルサポーター」を配置し、求職者へのカウンセリング業務に加え、事業主に対する精神障害者等の雇用に係る課題解決のための相談援助や職場実習の開拓、就職後のフォローアップ等総合的な支援を行っている。

ウ. 事業主は、募集・採用において、障害者に対して障害者でない者と均等な機会を与えるよう努力しなければならない。

エ. ハローワークに難病に関する専門的な知識を持つ「難病患者就職サポーター」を配置し、難病相談支援センターと連携しながら、就職を希望する難病患者に対して、その症状の特性を踏まえたきめ細かな就労支援等を行っている。

解　説

本問は、障害者支援の総合的な推進についての理解を問うものである。

ア　正しい。 障害者雇用率制度は、障害者の雇用促進の柱であり、1976（昭和51）年の障害者雇用促進法改正により、障害者雇用を義務化して以降、本制度を確実に履行させるために、ハローワークが事業主に対する指導を実施している。従って、本記述は正しい。

イ　正しい。 精神障害者の就労支援については、ハローワークに「精神障害者雇用トータルサポーター」を配置し、求職者へのカウンセリング業務に加え、事業主に対する精神障害者等の雇用に係る課題解決のための相談援助や職場実習の開拓、就職後のフォローアップ等総合的な支援を行っている。従って、本記述は正しい。

ウ　誤　り。 事業主は、募集・採用において、障害者に対して障害者でない者と均等な機会を**与えなければならない**（義務規定　障害者雇用促進法34条）。従って、本記述は誤っている。

エ　正しい。 平成25年度からは、ハローワークに難病に関する専門的な知識を持つ「難病患者就職サポーター」を配置し、難病相談支援センターと連携しながら、就職を希望する難病患者に対して、その症状の特性を踏まえたきめ細かな就労支援等を行っている。従って、本記述は正しい。

解答　ウ

問題 056 障害者の雇用に関する以下のアからエまでの記述のうち、最も<u>適切ではないもの</u>を 1 つ選びなさい。

ア. 事業主は、労働者の募集及び採用について、障害者に対して、障害者でない者と均等な機会を与えなければならない。

イ. 全て事業主は、対象障害者の雇用に関し、社会連帯の理念に基づき、適当な雇用の場を与える共同の責務を有するものであって、進んで対象障害者の雇入れに努めなければならない。

ウ. 事業主（その雇用する労働者の数が常時厚生労働省令で定める数以上である事業主に限る。）は、毎年 1 回、厚生労働省令で定めるところにより、対象障害者である労働者の雇用に関する状況を厚生労働大臣に報告しなければならない。

エ. 平成 30 年 4 月 1 日から、民間企業における障害者の法定雇用率が 2.0％から 2.5％へと引き上げられた。

本問は、障害者の雇用についての理解を問うものである。

ア 正しい。 事業主は、労働者の募集及び採用について、障害者に対して、障害者でない者と均等な機会を与えなければならない（障害者雇用促進法34条）。従って、本記述は正しい。

イ 正しい。 全て事業主は、対象障害者の雇用に関し、社会連帯の理念に基づき、適当な雇用の場を与える共同の責務を有するものであって、進んで対象障害者の雇入れに努めなければならない（障害者雇用促進法37条）。従って、本記述は正しい。

ウ 正しい。 事業主（その雇用する労働者の数が常時厚生労働省令で定める数以上である事業主に限る。）は、毎年1回、厚生労働省令で定めるところにより、対象障害者である労働者の雇用に関する状況を厚生労働大臣に報告しなければならない（障害者雇用促進法43条7項）。従って、本記述は正しい。

エ 誤　り。 平成30年4月1日から、民間企業において、障害者の法定雇用率が2.0%から **2.2%** に引き上げられた（障害者雇用促進法43条2項、障害者雇用促進法施行規則7条）。従って、本記述は誤っている。

解答 エ

問題 057　次の図は、「夫は外で働き、妻は家庭を守るべきである」という考え方について反対とした理由を回答率が高い順に並べたものである。図中の（　）に入る最も適切な語句の組合せを、以下のアからエまでのうち1つ選びなさい。

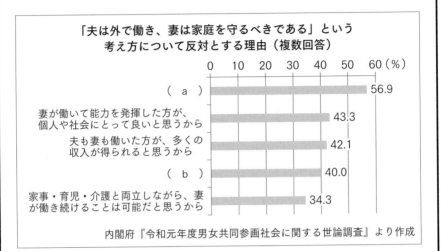

「夫は外で働き、妻は家庭を守るべきである」という
考え方について反対とする理由（複数回答）

- （ a ）　56.9
- 妻が働いて能力を発揮した方が、個人や社会にとって良いと思うから　43.3
- 夫も妻も働いた方が、多くの収入が得られると思うから　42.1
- （ b ）　40.0
- 家事・育児・介護と両立しながら、妻が働き続けることは可能だと思うから　34.3

内閣府『令和元年度男女共同参画社会に関する世論調査』より作成

ア． a. 固定的な夫と妻の役割分担の意識を押し付けるべきではないから
　　　b. 男女平等に反すると思うから
イ． a. 固定的な夫と妻の役割分担の意識を押し付けるべきではないから
　　　b. 自分の両親も外で働いていたから
ウ． a. 男女平等に反すると思うから
　　　b. 固定的な夫と妻の役割分担の意識を押し付けるべきではないから
エ． a. 男女平等に反すると思うから
　　　b. 自分の両親も外で働いていたから

本問は、「夫は外で働き、妻は家庭を守るべきである」という考え方について反対とする理由についての理解を問うものである。

固定的な夫と妻の役割分担の意識を押しつけるべきではないから	妻が働いて能力を発揮した方が、個人や社会にとって良いと思うから	夫も妻も働いた方が、多くの収入が得られると思うから	男女平等に反すると思うから	家事・育児・介護と両立しながら、妻が働き続けることは可能だと思うから	自分の両親も外で働いていたから
56.9	43.3	42.1	40.0	34.3	16.1

解答　ア

問題 058

一般事業主行動計画に関する次の文章中の（　）に入る適切な語句の組合せを、以下のアからエまでのうち1つ選びなさい。

「一般事業主行動計画」とは、（　a　）に基づき、企業が従業員の仕事と子育ての両立を図るための雇用環境の整備や、子育てをしていない従業員も含めた多様な労働条件の整備などに取り組むに当たって、計画期間、目標、目標達成のための対策及びその実施時期を定めるものである。

常時雇用する労働者の数が（　b　）を超える企業は、仕事と子育ての両立を図るための「一般事業主行動計画」を策定し、厚生労働大臣にその旨を届け出なければならない。これを変更したときも同様である。

ア．a. 次世代育成支援対策推進法　　　　b. 100人
イ．a. 次世代育成支援対策推進法　　　　b. 300人
ウ．a. 育児介護休業法　　　　　　　　　b. 300人
エ．a. 育児介護休業法　　　　　　　　　b. 100人

解　説

本問は、一般事業主行動計画についての理解を問うものである。

「一般事業主行動計画」とは、（**a. 次世代育成支援対策推進法**）に基づき、企業が従業員の仕事と子育ての両立を図るための雇用環境の整備や、子育てをしていない従業員も含めた多様な労働条件の整備などに取り組むに当たって、計画期間、目標、目標達成のための対策及びその実施時期を定めるものである。

常時雇用する労働者の数が（**b. 100人**）を超える企業は、仕事と子育ての両立を図るための「一般事業主行動計画」を策定し、厚生労働大臣にその旨を届け出なければならない。これを変更したときも同様である（12条1項・2項）。

解答　ア

問題 059 育児と介護の支援措置に関する以下のアからエまでの記述のうち、最も適切ではないものを1つ選びなさい。

ア. 育児休業を取得せずに3歳までの子を養育する労働者（1日の所定労働時間が6時間を超えるものに限る）は、事業主に短時間勤務希望の申出をすることができる。

イ. 要介護状態にある対象家族の介護その他の厚生労働省令で定める世話を行う労働者は、その事業主に申し出ることにより、一の年度において5労働日（要介護状態にある対象家族が2人以上の場合にあっては、10労働日）を限度として、当該世話を行うための休暇を取得することができる。

ウ. 育児休業給付金の額は、1支給単位期間が30日の場合、休業開始時賃金日額に30を乗じて得た額に相当する額である。

エ. 介護休業給付の給付額は、休業前賃金の40％相当額とされていたが、当分の間67％相当に引き上げられている。

解　説

本問は、育児と介護の支援措置についての理解を問うものである。

ア　正しい。 事業主は、育児休業を取得せずに3歳までの子を養育する労働者（1日の所定労働時間が6時間を超えるものに限る）が希望する場合には、その者に対して1日の所定労働時間を6時間に、または6時間を含む複数の時間を選択肢とするように、短時間勤務措置を講じなければならない（育児・介護休業法23条1項）。従って、本記述は正しい。

イ　正しい。 要介護状態にある対象家族の介護その他の厚生労働省令で定める世話を行う労働者は、その事業主に申し出ることにより、一の年度において5労働日（要介護状態にある対象家族が2人以上の場合にあっては、10労働日）を限度として、当該世話を行うための休暇を取得することができる（育児・介護休業法16条の5）。従って、本記述は正しい。

ウ　誤　り。 育児休業給付金の額は、1支給単位期間が30日の場合、休業開始時賃金日額に**30を乗じて得た額の100分の50**（当該休業を開始した日から起算し当該育児休業給付金の支給に係る休業日数が通算して180日に達するまでの間に限り、100分の67）に相当する額である（雇用保険法61条の4第4項、法附則12条）。従って、本記述は誤っている。

エ　正しい。 介護休業給付の給付額は、休業前賃金の40％相当額とされていたが（雇用保険法61条の6第4項）、当分の間67％相当に引き上げられている（雇用保険法附則12条の2）。従って、本記述は正しい。

解答	ウ

| 問題 060 | 育児・介護休業法における事業主が講ずべき措置に関する以下のアからエまでの記述のうち、最も適切ではないものを1つ選びなさい。 |

ア. 事業主は、労働者を転勤させようとする場合、その就業の場所の変更により就業しつつその子の養育又は家族の介護を行うことが困難となる労働者がいるときは、当該労働者の子の養育又は家族の介護の状況に配慮しなければならない。

イ. 事業主は、労働者又はその配偶者が妊娠・出産したことを知ったとき育児休業等の制度を個別に知らせる措置を講ずるよう努めなければならない。

ウ. 事業主は、配偶者出産休暇や入園式などの育児に利用できる休暇を与えるための措置を講じなければならない。

エ. 事業主は、労働者が育児・介護休業法による育児休業、子の看護休暇を申し出たことを理由に、当該労働者に対して解雇その他の不利益な取扱いをしてはならない。

解　説

本問は、事業主が講ずべき措置についての理解を問うものである。

ア　正しい。　「事業主は、その雇用する労働者の配置の変更で就業の場所の変更を伴うものをしようとする場合において、その就業の場所の変更により就業しつつその子の養育又は家族の介護を行うことが困難となることとなる労働者がいるときは、当該労働者の子の養育又は家族の介護の状況に配慮しなければならない。」（育児・介護休業法26条）。従って、本記述は正しい。

イ　正しい。　「事業主は、育児休業及び介護休業に関して、あらかじめ、次に掲げる事項を定めるとともに、これを労働者に周知させるための措置（労働者若しくはその配偶者が妊娠し、若しくは出産したこと又は労働者が対象家族を介護していることを知ったときに、当該労働者に対し知らせる措置を含む）を講ずるよう努めなければならない。」（育児・介護休業法21条1項）。従って、本記述は正しい。

ウ　誤　り。　この措置は義務規定ではなく、**努力義務**規定である（育児・介護休業法24条）。従って、本記述は誤っている。

エ　正しい。　事業主は、労働者が育児休業申出をし、又は育児休業をしたことを理由として、当該労働者に対して解雇その他不利益な取扱いをしてはならない（育児・介護休業法10条、16条の4）。従って、本記述は正しい。

解答　ウ

問題	育児・介護休業法における介護休業に関する以下のアからエまでの記述
061	のうち、最も適切で<u>はない</u>ものを１つ選びなさい。

ア.「要介護状態」とは、負傷、疾病又は身体上若しくは精神上の障害により、２週間以上の期間にわたり常時介護を必要とする状態である。

イ. 労働者は、要介護状態にある対象家族を介護する場合において、要介護者１人につき、通算93日を限度として、3回まで介護のための休業をすることができる。

ウ. 有期雇用労働者は、無期雇用労働者と同じ受給要件を満たせば介護休業の申出をすることができる。

エ. 会社は介護休業中の労働者に、原則として賃金を支払う必要はないが、その会社の就業規則や労働契約で取り決めがあれば、それに従わなければならない。

解　説

本問は、介護休業についての理解を問うものである。

ア　正しい。　「要介護状態」とは、負傷、疾病又は身体上若しくは精神上の障害により、厚生労働省令で定める期間にわたり常時介護を必要とする状態をいう（育児・介護休業法2条3号）。従って、本記述は正しい。

イ　正しい。　労働者は、要介護状態にある対象家族を介護する場合において、要介護者1人につき、通算93日を限度として、3回まで介護のための休業をすることができる（育児・介護休業法11条2項）。従って、本記述は正しい。

ウ　誤　り。　「同じ受給要件を満たせば」が誤りである。有期雇用労働者が介護休業の申出をするには、**無期雇用労働者受給要件に加え、介護休業開始時において、当該事業主に引き続き雇用された期間が1年以上で、かつ、介護休業開始予定日から起算して93日を経過する日から6か月を経過する日までに、その労働契約（労働契約が更新される場合にあっては、更新後のもの）が満了することが明らかでないことが必要**である（育児・介護休業法11条1項ただし書）。従って、本記述は誤っている。

エ　正しい。　会社は介護休業中の労働者に、原則として賃金を支払う必要はない（ノーワーク・ノーペイの原則）が、その会社の就業規則や労働契約で介護休業中に賃金の支払いを行うとの取り決めがあれば、それに従わなければならない。雇用保険制度からは、1支給単位期間について、休業開始時賃金日額に支給日数を乗じて得た額の67％に相当する介護休業給付金が支給されるが、支給単位期間に一定額を超える賃金が支払われた場合は介護休業給付金が調整される（雇用保険法61条の6、雇用保険法附則12条の2）。従って、本記述は正しい。

解答　ウ

次の外国人労働者の雇用状況届出の期限に関する表中の（　　）に入る適切な語句の組合せを、以下のアからエまでのうち1つ選びなさい。

外国人雇用状況の届出の期限

届出事由	外国人が雇用保険の被保険者の場合	外国人が雇用保険の被保険者でない場合
新たに外国人を雇い入れた	事実のあった日の属する月の（　a　）まで	雇入れ日又は離職日の属する月の（　c　）まで
雇用する外国人が離職した	事実のあった日の翌日から起算して（　b　）以内	

- **ア**. a. 翌月10日　　b. 10日　　c. 翌月末日
- **イ**. a. 翌月10日　　b. 10日　　c. 末日
- **ウ**. a. 末日　　　　b. 翌月10日　　c. 末日
- **エ**. a. 末日　　　　b. 翌月10日　　c. 翌月末日

解　説

本問は、外国人労働者の雇用管理についての理解を問うものである。

　事業主は、新たに外国人を雇い入れた場合又はその雇用する外国人が離職した場合には、厚生労働省令で定めるところにより、その者の氏名、在留資格、在留期間その他厚生労働省令で定める事項について確認し、当該事項を厚生労働大臣に届け出なければならない（労働施策総合推進法28条1項）。

外国人雇用状況の届出の期限

届出事由	外国人が雇用保険の被保険者の場合	外国人が雇用保険の被保険者でない場合
新たに外国人を雇い入れた	事実のあった日の属する月の翌月10日まで	雇入れ日又は離職日の属する月の翌月末日まで
雇用する外国人が離職した	事実のあった日の翌日から起算して10日以内	

解答　ア

問題
063

外国人労働者の雇用管理に関する以下のアからエまでの記述のうち、最も適切ではないものを1つ選びなさい。

ア. 事業主は、外国人労働者に対し、雇用保険、労災保険、健康保険及び厚生年金保険に係る法令の内容、及び保険給付に係る請求手続等について、雇入れ時に外国人労働者が理解できるよう説明を行うこと等による周知に努めなければならない。

イ. 事業主は、外国人労働者との労働契約の締結に際し、賃金、労働時間等主要な労働条件について、当該外国人労働者が理解できるようその内容を明らかにした書面を交付しなければならない。

ウ. 現在、入管法上の在留資格は、大きく「活動に基づく在留資格」と「身分又は地位に基づく在留資格」の2つに分けられる。「活動に基づく在留資格」については活動に制限はないが、「身分又は地位に基づく在留資格」については活動に制限がある。

エ. 不法就労外国人を故意又は過失により雇用した雇用主は、「不法就労助長罪」として3年以下の懲役若しくは300万円以下の罰金に処され、又はこれを併科される場合がある。

本問は、外国人労働者の雇用管理についての理解を問うものである。

ア　正しい。 事業主は、外国人労働者に対し、雇用保険、労災保険、健康保険及び厚生年金保険に係る法令の内容、及び保険給付に係る請求手続等について、雇入れ時に外国人労働者が理解できるよう説明を行うこと等による周知に努めなければならない（外国人労働者の雇用管理の改善等に関して事業主が適切に対処するための指針第4の4）。従って、本記述は正しい。

イ　正しい。 事業主は、外国人労働者との労働契約の締結に際し、賃金、労働時間等主要な労働条件について、当該外国人労働者が理解できるようその内容を明らかにした書面を交付しなければならない（外国人労働者の雇用管理の改善等に関して事業主が適切に対処するための指針第4の2）。従って、本記述は正しい。

ウ　誤　り。 現在、入管法上の在留資格は、大きく「活動に基づく在留資格」と「身分又は地位に基づく在留資格」の2つに分けられる。**「活動に基づく在留資格」については、各在留資格に定められた範囲での就労が可能な在留資格と就労できない在留資格の2つに分けられ、「身分又は地位に基づく在留資格」については活動に制限はない**（出入国管理及び難民認定法2条の2、19条）。従って、本記述は誤っている。

エ　正しい。 不法就労外国人を故意又は過失により雇用した雇用主は、「不法就労助長罪」として3年以下の懲役若しくは300万円以下の罰金に処され、又はこれを併科される場合がある（出入国管理及び難民認定法73条の2）。従って、本記述は正しい。

解答　ウ

問題 064　技能実習法に関する以下のアからエまでの記述のうち、最も適切ではないものを1つ選びなさい。

ア.「技能実習生」とは、企業単独型技能実習生及び団体監理型技能実習生をいう。

イ. 実習実施者は、技能実習の適正な実施及び技能実習生の保護について、技能実習を行わせる者としての責任を自覚し、基本理念にのっとり、技能実習を行わせる環境の整備に努めるとともに、国及び地方公共団体が講ずる施策に協力しなければならない。

ウ. 技能実習は、技能等の適正な修得、習熟又は熟達のために整備され、かつ、技能実習生が技能実習に専念できるようにその保護を図る体制が確立された環境で行われなければならない。

エ. 国は、労働力減少社会における成長戦略の一環として、技能実習を労働力の需給の調整の手段として行うことができる。

解　説

本問は、外国人技能実習制度についての理解を問うものである。

ア　正しい。「技能実習生」とは、企業単独型技能実習生及び団体監理型技能実習生をいい、それぞれにつき、第1号技能実習生、第2号技能実習生、第3号技能実習生に分かれる（技能実習法2条1項後段）。従って、本記述は正しい。

イ　正しい。実習実施者は、技能実習の適正な実施及び技能実習生の保護について、技能実習を行わせる者としての責任を自覚し、基本理念にのっとり、技能実習を行わせる環境の整備に努めるとともに、国及び地方公共団体が講ずる施策に協力しなければならない（技能実習法5条1項）。従って、本記述は正しい。

ウ　正しい。技能実習は、技能等の適正な修得、習熟又は熟達のために整備され、かつ、技能実習生が技能実習に専念できるようにその保護を図る体制が確立された環境で行われなければならない（技能実習法3条1項）。従って、本記述は正しい。

エ　誤り。「技能実習は、**労働力の需給の調整の手段として行われてはならない**」（技能実習法3条2項）。従って、本記述は誤っている。

解答　エ

問題 065 働く女性の現状に関する以下のアからエまでの記述のうち、最も適切で<u>はないもの</u>を1つ選びなさい。

ア. 平成30年の女性の労働力率を年齢階級（5歳階級）別にみると、「25～29歳」と「40～44歳」、「45～49歳」を左右のピークとし、「35～39歳」を底とするM字型カーブを描いている。

イ. 平成30年の女性就業者数は、前年に比べ増加しているが、従業上の地位別にみると、「雇用者」が女性の就業者総数に占める割合が約9割と一番多く、次に「自営業主」、「家族従業者」の順となっている。

ウ. 平成30年の女性雇用者数（役員を除く）を形態別にみると、「正規の職員・従業員」、「非正規の職員・従業員」ともに前年に比べて人数が増加し、「正規の職員・従業員」の人数が「非正規の職員・従業員」の人数を上回った。

エ. 平成30年上半期の女性一般労働者の入職率（年初の常用労働者に対する入職者の割合）が離職率（年初の常用労働者に対する離職者の割合）を上回り、入職超過となっている。

本問は、働く女性の現状についての理解を問うものである。

ア　正しい。　平成 30 年の女性の労働力率を年齢階級（5 歳階級）別にみると、「25 〜29 歳」と「40〜44 歳」、「45〜49 歳」を左右のピークとし、「35 〜39 歳」を底とする M 字型カーブを描いている。従って、本記述は 正しい。

イ　正しい。　平成 30 年の女性就業者数は、前年に比べ増加しているが、従業上の 地位別にみると、「雇用者」が女性の就業者総数に占める割合が約 9 割と一番多く、次に「自営業主」、「家族従業者」の順となっている。 従って、本記述は正しい。

ウ　誤　り。　平成 30 年の女性雇用者数（役員を除く）を形態別にみると、「正規の 職員・従業員」、「非正規の職員・従業員」ともに前年に比べて人数が 増加し、「正規の職員・従業員」が 1,138 万人、「非正規の職員・従業 員」が 1,451 万人となった。つまり、**「非正規の職員・従業員」の人 数が「正規の職員・従業員」の人数を上回っている**。従って、本記述 は誤っている。

エ　正しい。　平成 30 年上半期の女性一般労働者の入職率（年初の常用労働者に対 する入職者の割合、9.5%）が離職率（年初の常用労働者に対する離 職者の割合、8.2%）を上回り、1.3 ポイントの入職超過となってい る。従って、本記述は正しい。

解答　ウ

問題 066　女性の実情に関する以下のアからエまでの記述のうち、最も<u>適切ではな</u><u>いもの</u>を１つ選びなさい。

ア．平成 30 年平均の女性就業者は 2,946 万人と、前年に比べ 87 万人の増加となっている。

イ．平成 30 年の女性一般労働者の正社員・正職員の決って支給する現金給与額は前年に比べ増加し、男性一般労働者の給与水準を 100 としたときの女性一般労働者の給与水準は 90 となった。

ウ．M 字型カーブは、結婚・出産期に当たる年代にいったん離職・非労働力化し、育児が落ち着いた時期に再び働き出す女性が多いことを反映しており、我が国における継続就業の難しさを示している。

エ．企業の雇用管理の男女均等な取扱いは改善されつつあるが、依然として、男性と比べて女性の勤続年数は短く、管理職に占める女性割合も国際的に見ると低水準となっている。

本問は、働く女性の実情についての理解を問うものである。

ア　正しい。　平成30年平均の女性就業者は2,946万人と、前年に比べ87万人の増加となっている（総務省統計局『労働力調査平成30年平均（速報）結果の要約』）。従って、本記述は正しい。

イ　誤　り。　平成30年男女の賃金を前年と比べると、男性では1.1％増加、女性では0.8％増加となっており、男女間賃金格差（男性＝100）は、**73.1**となっている（厚生労働省『平成30年賃金構造基本統計調査の概況』）。従って、本記述は誤っている。

ウ　正しい。　M字型カーブは、結婚・出産期に当たる年代にいったん離職・非労働力化し、育児が落ち着いた時期に再び働き出す女性が多いことを反映しており、我が国における継続就業の難しさを示している。従って、本記述は正しい。

エ　正しい。　企業の雇用管理の男女均等な取扱いは改善されつつあるが、依然として、男性と比べて女性の勤続年数は短く、管理職に占める女性割合も国際的に見ると低水準となっている（厚生労働省『男女雇用機会均等対策基本方針』）。従って、本記述は正しい。

解答　イ

問題 067　社会人の学び直し（リカレント教育）に関する以下のアからエまでの記述のうち、最も適切ではないものを１つ選びなさい。

ア. 自己啓発が労働者に与える効果として、労働者の生産性が上昇することで、賃金が上昇する効果や、非就業者の就業確率が上昇する効果等が考えられる。

イ. 自己啓発を実施した労働者の処遇がどの程度変化するか企業に調査したところ、6割程度の企業が何らかの考慮を行っていると答えた。

ウ. 大学等で実際に学び直しを行っている社会人学生に対し、学び直しを通して習得したい知識・技能・資格等について調査したところ、専門的知識を得たいとする回答割合が約7割と最も高くなっている。

エ. 日本における25〜64歳のうち大学等の機関で教育を受けている者の割合をOECD諸国で比較すると、日本の割合は英国、アメリカ、OECD平均と比較して大きく上回っている。

本問は、リカレント教育の現状についての理解を問うものである。

ア　正しい。　自己啓発が労働者に与える効果として、労働者の生産性が上昇することで、賃金が上昇する効果や、非就業者の就業確率が上昇する効果等が考えられる。従って、本記述は正しい。

イ　正しい。　自己啓発を実施した労働者の処遇がどの程度変化するか企業に調査したところ、6割程度の企業が何らかの考慮を行っていると答えた。従って、本記述は正しい。

ウ　正しい。　大学等で実際に学び直しを行っている社会人学生に対し、学び直しを通して習得したい知識・技能・資格等について調査したところ、専門的知識を得たいとする回答割合が約7割と最も高くなっている。従って、本記述は正しい。

エ　誤　り。　日本においては、様々な効果が期待されるのにもかかわらず、通学等での学び直しを行っている人の割合は、他国と比べても少ない。25〜64歳のうち大学等の機関で教育を受けている者の割合をOECD諸国で比較すると、日本の割合は2.4%と、英国の16%、アメリカの14%、OECD平均の11%と比較して大きく**下回って**おり、データが利用可能な28か国中で最も低い水準になっている。従って、本記述は誤っている。

解答　エ

問題 068

次の図は、社会人学生・企業が大学等に教育環境面で求める事項として回答率が高かった項目を表したものである。（　　）に入る適切な語句の組合せを、以下のアからエまでのうち１つ選びなさい。

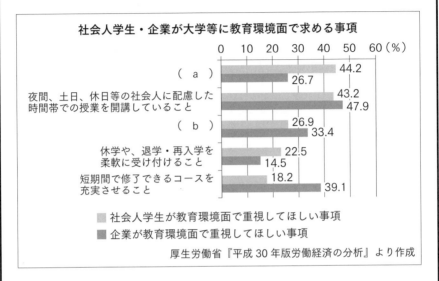

社会人学生・企業が大学等に教育環境面で求める事項

（ a ）　44.2 / 26.7

夜間、土日、休日等の社会人に配慮した時間帯での授業を開講していること　43.2 / 47.9

（ b ）　26.9 / 33.4

休学や、退学・再入学を柔軟に受け付けること　22.5 / 14.5

短期間で修了できるコースを充実させること　18.2 / 39.1

■ 社会人学生が教育環境面で重視してほしい事項
■ 企業が教育環境面で重視してほしい事項

厚生労働省『平成30年版労働経済の分析』より作成

ア. a. インターネットなどによる授業ができるシステムを整備すること
　　b. 授業料を安く設定すること

イ. a. 授業料を安く設定すること
　　b. 教育訓練給付制度を活用すること

ウ. a. インターネットなどによる授業ができるシステムを整備すること
　　b. 教育訓練給付制度を活用すること

エ. a. 授業料を安く設定すること
　　b. インターネットなどによる授業ができるシステムを整備すること

本問は、社会人の大学等における学び直しについての理解を問うものである。

項　目	社会人学生が教育環境面で重視してほしい事項	企業が教育環境面で重視してほしい事項
授業料を安く設定すること	44.2%	26.7%
夜間、土日、休日等の社会人に配慮した時間帯での授業を開講していること	43.2%	47.9%
インターネットなどによる授業ができるシステムを整備すること	26.9%	33.4%
休学や、退学・再入学を柔軟に受け付けること	22.5%	14.5%
短期間で修了できるコースを充実させること	18.2%	39.1%
教育訓練給付制度を活用すること	17.2%	17.4%

解答　エ

問題 069

セクシュアルハラスメントに関する以下のアからエまでの記述のうち、最も適切ではないものを1つ選びなさい。

ア. 勤務時間外の宴会なども、実質上職務の延長線上と考えられるものは「職場」に該当するが、その判断に当たっては、職務との関連性、参加者、参加が強制的か任意かといったことを考慮して個別に行う必要がある。

イ. 違法なセクシュアルハラスメントについて、使用者は、労働者の安全に配慮する義務や職場環境配慮義務を負っているとされているから、これらの義務を怠った場合には、債務不履行責任を問われる。

ウ. 男女雇用機会均等法において、セクシュアルハラスメントは、厚生労働大臣の行政指導に加え、企業名の公表制度の対象とされ、また都道府県労働局長による紛争解決の援助の対象ともされている。

エ. 「対価型セクシュアルハラスメント」とは、職場において行われる労働者の意に反する性的な言動により労働者の就業環境が不快なものとなったため、能力の発揮に重大な悪影響が生じる等当該労働者が就業する上で看過できない程度の支障が生じることである。

本問は、セクシュアルハラスメントについての理解を問うものである。

ア　正しい。 勤務時間外の「宴会」などであっても、実質上職務の延長と考えられるものは「職場」に該当し、その判断に当たっては、職務との関連性、参加者、参加が強制的か任意かといったことを考慮して個別に行う必要がある。従って、本記述は正しい。

イ　正しい。 使用者は、労務を提供する労働者に対して、対価として賃金を支払う義務の他に付随義務として、労働契約上の信義則に基づいた安全配慮義務（労働契約法5条）や職場環境配慮義務を負う。そのため、使用者が労働契約の内容である義務（本旨に従った債務）を怠った（履行しなかった）ときは、債務不履行による損害賠償責任に問われる（民法415条）。従って、本記述は正しい。

ウ　正しい。 セクシュアルハラスメントは、厚生労働大臣の行政指導（男女雇用機会均等法29条1項）に加え、企業名の公表制度の対象（同法30条）とされ、また都道府県労働局長による紛争解決の援助の対象ともされている（同法16条）。従って、本記述は正しい。

エ　誤　り。 「対価型セクシュアルハラスメント」とは、労働者の意に反する性的な言動に対する労働者の対応（拒否や抵抗）により、解雇、降格、減給などの不利益を受けることである。**本記述の内容は、「環境型セクシュアルハラスメント」**に関する記述である。従って、本記述は誤っている。

解答　エ

問題 070 男女雇用機会均等法に関する以下のアからエまでの記述のうち、最も適切ではないものを1つ選びなさい。

ア. 男女雇用機会均等法は、労働者が性別により差別されることなく、また、女性労働者にあっては母性を尊重されつつ、充実した職業生活を営むことができるようにすることをその基本的理念とする。

イ. 男女雇用機会均等法は、労働者を募集又は採用する際に、労働者の身長、体重又は体力に関する事由を要件とするものは、間接差別に該当することから禁止している。

ウ. 男女雇用機会均等法は、事業主が女性労働者を解雇した理由が妊娠または出産をしたこと、あるいは産前産後休業を取得したこと等の事由でないことを証明した場合を除き、妊娠中の女性労働者及び出産後2年を経過しない女性労働者に対してなされた解雇は無効と規定している。

エ. 男女雇用機会均等法は、事業主は、女性労働者が婚姻し、妊娠し、又は出産したことを退職理由として予定する定めをしてはならないと規定している。

本問は、男女雇用機会均等法についての理解を問うものである。

ア　正しい。 男女雇用機会均等法は、労働者が性別により差別されることなく、また、女性労働者にあっては母性を尊重されつつ、充実した職業生活を営むことができるようにすることをその基本的理念とする（男女雇用機会均等法2条1項）。従って、本記述は正しい。

イ　正しい。 男女雇用機会均等法は、労働者を募集又は採用する際に、労働者の身長、体重又は体力に関する事由を要件とするものは、間接差別に該当することから禁止している（男女雇用機会均等法7条、則2条1号）。従って、本記述は正しい。

ウ　誤　り。 妊娠中の女性労働者及び出産後 **1年** を経過しない女性労働者に対してなされた解雇は、無効とする。ただし、事業主が当該解雇が妊娠・出産したこと、産前産後休業（労働基準法65条1項）をしたことを理由とする解雇でないことを証明したときは、この限りでない（男女雇用機会均等法9条4項）。従って、本記述は誤っている。

エ　正しい。 男女雇用機会均等法は、事業主は、女性労働者が婚姻し、妊娠し、又は出産したことを退職理由として予定する定めをしてはならないと規定している（男女雇用機会均等法9条1項）。従って、本記述は正しい。

解答　ウ

問題
071

労働基準法における女性の母性保護に関する以下のアからエまでの記述のうち、最も<u>適切ではないもの</u>を１つ選びなさい。

ア. 生後満１年に達しない生児を育てる女性は、通常の休憩時間のほか、１日２回各々少なくとも30分、その生児を育てるための時間を請求することができる。

イ. 使用者は、妊娠中の女性及び産後１年を経過しない女性（妊産婦）を、重量物を取り扱う業務、有害ガスを発散する場所における業務その他妊産婦の妊娠、出産、哺育等に有害な業務に就かせてはならない。

ウ. 産前産後の休業は、女性の母性保護を目的として、本人が就業を希望しても使用者が必ず与えなければならない強制休業である。

エ. 使用者は、妊産婦が請求した場合においては、変形労働時間制が適用される事業場であっても、１週間について40時間、１日について８時間を超えて労働させることはできない。

解　説

本問は、女性の母性保護についての理解を問うものである。

ア　正しい。 生後満1年に達しない生児を育てる女性は、第34条の休憩時間のほか、1日2回各々少なくとも30分、その生児を育てるための時間を請求することができる（労働基準法67条1項）。従って、本記述は正しい。

イ　正しい。 使用者は、妊娠中の女性及び産後1年を経過しない女性（以下「妊産婦」という。）を、重量物を取り扱う業務、有害ガスを発散する場所における業務その他妊産婦の妊娠、出産、哺育等に有害な業務に就かせてはならない（労働基準法64条の3第1項）。従って、本記述は正しい。

ウ　誤り。 **産前の休業は本人の請求をまって与えられる休業**であるため、請求がなければ与えなくても良い（労働基準法65条1項）。これに対し、**産後の休業は、本人の請求の有無を問わず与えられなければならず、また本人が就業を希望しても与えられなければならない強制休業**である。ただし、産後6週間を経過した女性が請求した場合において、その者について医師が支障がないと認めた業務に就かせることは、差し支えない（労働基準法65条2項）。従って、本記述は誤っている。

エ　正しい。 使用者は、妊産婦が請求した場合においては、変形労働時間制（労働基準法32条の2、32条の4、32条の5）によっても1週・1日の法定労働時間（労働基準法32条1項・2項）を超える労働をさせてはならない（労働基準法66条1項）。従って、本記述は正しい。

解答　ウ

問題 072 若者雇用促進法に関する以下のアからエまでの記述のうち、最も適切ではないものを1つ選びなさい。

ア. 全て青少年は、将来の経済及び社会を担う者であることに鑑み、青少年が、その意欲及び能力に応じて、充実した職業生活を営むとともに、有為な職業人として健やかに成育するように配慮されるものとする。

イ. 新規学校卒業者の募集・求人申込みを行う事業主は、青少年雇用情報を提供するよう努めなければならず、応募者、応募の検討を行っている者から求めがあった場合は、積極的に青少年雇用情報を提供するよう努めなければならない。

ウ. 国は、青少年の職業能力の開発及び向上を図るため、地方公共団体その他の関係者と連携し、青少年に対して、職業訓練の推進、職業能力検定の活用の促進、キャリアコンサルタントによる相談の機会の付与、職務経歴等記録書の普及の促進その他必要な措置を総合的かつ効果的に講ずるように努めなければならない。

エ. 国は、学校と協力して、その学生又は生徒に対し、職業生活において必要な労働に関する法令知識を付与するように努めなければならない。

本問は、若者雇用促進法についての理解を問うものである。

ア　正しい。 全て青少年は、将来の経済及び社会を担う者であることに鑑み、青少年が、その意欲及び能力に応じて、充実した職業生活を営むとともに、有為な職業人として健やかに成育するように配慮されるものとする（若者雇用促進法2条）。従って、本記述は正しい。

イ　誤り。 新規学校卒業者の募集・求人申込みを行う事業主は、積極的に青少年雇用情報を提供するよう努めるとともに、応募者、応募の検討を行っている者から求めがあった場合は、青少年雇用情報を**提供しなければならない**（若者雇用促進法14条）。従って、本記述は誤っている。

ウ　正しい。 国は、青少年の職業能力の開発及び向上を図るため、地方公共団体その他の関係者と連携し、青少年に対して、職業訓練の推進、職業能力検定の活用の促進、キャリアコンサルタントによる相談の機会の付与、職務経歴等記録書の普及の促進その他必要な措置を総合的かつ効果的に講ずるように努めなければならない（若者雇用促進法21条）。従って、本記述は正しい。

エ　正しい。 国は、学校と協力して、その学生又は生徒に対し、職業生活において必要な労働に関する法令に関する知識を付与するように努めなければならない（若者雇用促進法26条）。従って、本記述は正しい。

解答　イ

問題 073

年少者の保護に関する以下のアからエまでの記述のうち、最も適切ではないものを1つ選びなさい。

ア. 年少者労働基準規則は、重量物取扱いの業務の範囲を定め、また年少者の就業制限の業務の範囲を定めている。

イ. 使用者は、満18才に満たない者について、その年齢を証明する戸籍証明書を事業場に備え付けなければならない。

ウ. 満18才に満たない者が解雇(自己の責めに帰すべき事由に基づく解雇は除く)の日から14日以内に帰郷する場合において、使用者は、原則として、必要な旅費を負担しなければならない。

エ. 満18歳に満たない者について、フレックスタイム制は適用されるが、1年単位の変形労働時間制は適用されない。

本問は、年少者の保護についての理解を問うものである。

ア　正しい。　年少者労働基準規則は、重量物取扱いの業務の範囲を定め（年少者労働基準規則7条）、また年少者の就業制限の業務の範囲を定めている（同規則8条）。従って、本記述は正しい。

イ　正しい。　使用者は、満18才に満たない者について、その年齢を証明する戸籍証明書を事業場に備え付けなければならない。（労働基準法57条1項）。従って、本記述は正しい。

ウ　正しい。　満18才に満たない者が解雇の日から14日以内に帰郷する場合においては、使用者は、必要な旅費を負担しなければならない。ただし、満18才に満たない者がその責めに帰すべき事由に基づいて解雇され、使用者がその事由について行政官庁の認定を受けたときは、この限りでない（労働基準法64条）。従って、本記述は正しい。

エ　誤　り。　満18歳に満たない者は、**変形労働時間制、フレックスタイム制、36協定による時間外・休日労働は、原則として認められない**（労働基準法60条1項）。満15歳以上で満18歳未満の者については、所定の要件を満たせば1か月単位の変形労働時間制、1年単位の変形労働時間制下で労働させることができるが、フレックスタイム制、1週間単位の非定型的変形労働時間制の適用は認められていない（労働基準法60条3項）。従って、本記述は誤っている。

解答　エ

| 問題 074 | 次の図は、「転職支援に関する行政への要望」に関する調査結果として、回答率の高かった項目を順に並べたものである。図中の（　）に入る適切な語句の組合せを、以下のアからエまでのうち1つ選びなさい。 |

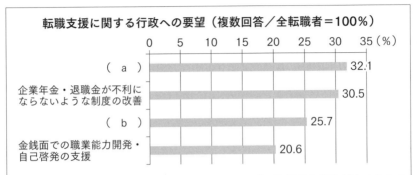

転職支援に関する行政への要望（複数回答／全転職者＝100%）

- （ a ）　32.1
- 企業年金・退職金が不利にならないような制度の改善　30.5
- （ b ）　25.7
- 金銭面での職業能力開発・自己啓発の支援　20.6

厚生労働省『平成27年雇用の構造に関する調査（転職者実態調査）』より作成

ア. a. より多くの求人情報の提供
　　 b. 個人の職業能力を診断・認定する資格制度の充実
イ. a. より多くの求人情報の提供
　　 b. 職業紹介サービスの充実
ウ. a. 職業能力開発（教育・訓練）のサービスの充実
　　 b. より多くの求人情報の提供
エ. a. 個人の職業能力を診断・認定する資格制度の充実
　　 b. 職業能力開発（教育・訓練）のサービスの充実

本問は、転職支援に関する行政への要望についての理解を問うものである。

　転職支援に関する行政への要望（2つまでの複数回答）をみると、「より多くの求人情報の提供」が32.1%で最も高く、次いで「企業年金・退職金が不利にならないような制度の改善」が30.5%、「職業紹介サービスの充実」が25.7%となっている。その他では「職業能力開発（教育・訓練）のサービスの充実」が14.8%、「個人の職業能力を診断・認定する資格制度の充実」が12.6%となっている。

解答　イ

問題 075

次の図は、正社員の中途採用を行う企業の目的調査において、回答率が高かった項目を表したものである。（　　　）に入る<u>適切な語句の組合せ</u>を、以下のアからエまでのうち1つ選びなさい。

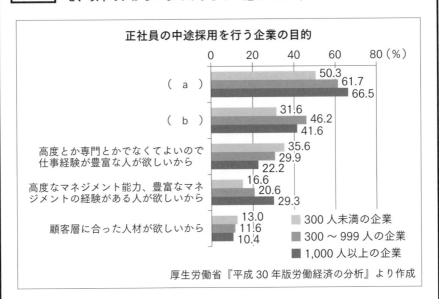

正社員の中途採用を行う企業の目的

項目	300人未満の企業	300～999人の企業	1,000人以上の企業
（ a ）	50.3	61.7	66.5
（ b ）	31.6	46.2	41.6
高度とか専門とかでなくてよいので仕事経験が豊富な人が欲しいから	35.6	29.9	22.2
高度なマネジメント能力、豊富なマネジメントの経験がある人が欲しいから	16.6	20.6	29.3
顧客層に合った人材が欲しいから	13.0	11.6	10.4

厚生労働省『平成30年版労働経済の分析』より作成

ア. a. 専門分野の高度な知識やスキルを持つ人が欲しいから
　　 b. 新卒採用だけでは補充できないから

イ. a. 専門分野の高度な知識やスキルを持つ人が欲しいから
　　 b. 新卒の採用をしていない／募集したが採用できなかったから

ウ. a. 新卒採用だけでは補充できないから
　　 b. 専門分野の高度な知識やスキルを持つ人が欲しいから

エ. a. 新卒採用だけでは補充できないから
　　 b. 新卒の採用をしていない／募集したが採用できなかったから

本問は、正社員の中途採用についての理解を問うものである。

項目	300人未満	300〜999人	1,000人以上
専門分野の高度な知識やスキルを持つ人が欲しいから	50.3%	61.7%	66.5%
新卒採用だけでは補充できないから	31.6%	46.2%	41.6%
高度とか専門とかでなくてよいので仕事経験が豊富な人が欲しいから	35.6%	29.9%	22.2%
高度なマネジメント能力、豊富なマネジメントの経験がある人が欲しいから	16.6%	20.6%	29.3%
顧客層に合った人材が欲しいから	13.0%	11.6%	10.4%
新卒の採用をしていない／募集したが採用ができなかったから	15.0%	6.9%	6.9%

解答　ア

問題 076 次の図は、企業がフリーランス等の外部人材の活用にあたって、国の政策として充実してほしい分野に関する調査結果を、回答率が高かった項目順に並べたものである。図中の（　　）に入る適切な語句の組合せを、以下のアからエまでのうち1つ選びなさい。

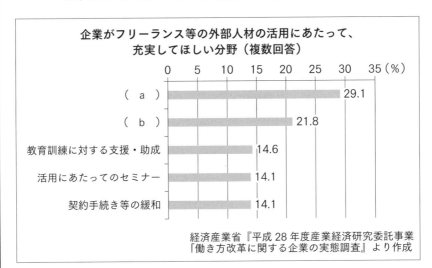

企業がフリーランス等の外部人材の活用にあたって、
充実してほしい分野（複数回答）

- （ a ）　29.1
- （ b ）　21.8
- 教育訓練に対する支援・助成　14.6
- 活用にあたってのセミナー　14.1
- 契約手続き等の緩和　14.1

経済産業省『平成28年度産業経済研究委託事業
「働き方改革に関する企業の実態調査」』より作成

ア. a. スキルの見える化など、能力資格等の整備
　　b. 業務仲介機能の充実

イ. a. スキルの見える化など、能力資格等の整備
　　b. 適切な市場ルールの整備

ウ. a. 適切な市場ルールの整備
　　b. 業務仲介機能の充実

エ. a. 適切な市場ルールの整備
　　b. スキルの見える化など、能力資格等の整備

本問は、フリーランス人材の活用促進要素についての理解を問うものである。

> フリーランス人材の活用促進要素としては、「スキルの見える化など、能力資格等の整備」（29.1％）が最も高く、ついで「適切な市場ルールの整備」（21.8％）、「教育訓練に対する支援・助成」（14.6％）、「活用にあたってのセミナー」（14.1％）、「契約手続き等の緩和」（14.1％）となっている。

解答　イ

問題 077

次の図は、高齢期の就業希望理由に関する調査の結果を示したものである。図中の（　）に入る適切な語句の組合せを、以下のアからエまでのうち１つ選びなさい。

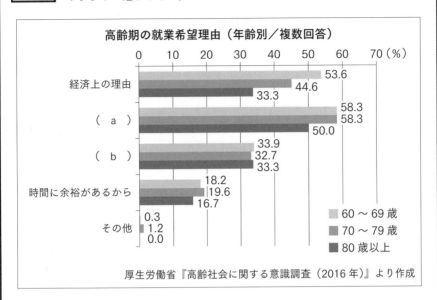

高齢期の就業希望理由（年齢別／複数回答）

経済上の理由　53.6 / 44.6 / 33.3
（ a ）　58.3 / 58.3 / 50.0
（ b ）　33.9 / 32.7 / 33.3
時間に余裕があるから　18.2 / 19.6 / 16.7
その他　0.3 / 1.2 / 0.0

60〜69歳
70〜79歳
80歳以上

厚生労働省『高齢社会に関する意識調査（2016年）』より作成

ア. a. 生きがい、社会参加のため
　　 b. 健康上の理由

イ. a. 生きがい、社会参加のため
　　 b. 家庭とは違った役割を持ちたいため

ウ. a. 健康上の理由
　　 b. 生きがい、社会参加のため

エ. a. 健康上の理由
　　 b. 家庭とは違った役割を持ちたいため

本問は、高齢期の就業希望理由についての理解を問うものである。

　　高齢期の就業希望理由について、年齢別にみると、年齢が低くなるほど「経済上の理由」をあげる割合が高く、年齢が高くなるほど「生きがい、社会参加のため」「健康上の理由」をあげる割合が高い。中でも 70 代の回答者の調査結果は、「生きがい、社会参加のため」58.3％、「経済上の理由」44.6％となり、「生きがい、社会参加のため」の回答率が「経済上の理由」の回答率を大きく上回った。

解答　　ア

問題 078

次の図は、高齢者の就労意識に関する調査（現在仕事をしている全国の60歳以上の男女を対象）の結果を表している。（　）に入る適切な語句の組合せを、以下のアからエまでのうち1つ選びなさい。

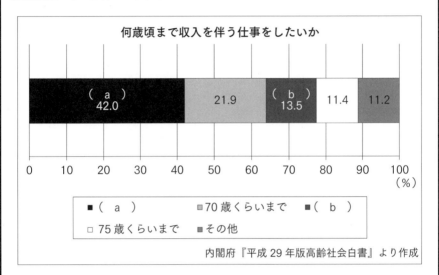

何歳頃まで収入を伴う仕事をしたいか

| (a) 42.0 | 21.9 | (b) 13.5 | 11.4 | 11.2 |

0　10　20　30　40　50　60　70　80　90　100
（%）

■（　a　）　　　□70歳くらいまで　　　■（　b　）
□75歳くらいまで　　　■その他

内閣府『平成29年版高齢社会白書』より作成

ア. a. 65歳くらいまで　　　b. 80歳くらいまで
イ. a. 65歳くらいまで　　　b. 働けるうちはいつまでも
ウ. a. 働けるうちはいつまでも　　　b. 仕事をしたいと思わない
エ. a. 働けるうちはいつまでも　　　b. 65歳くらいまで

解　説

本問は、高齢者の就労意識についての理解を問うものである。

現在仕事をしている高齢者（60歳以上の男女を対象）の約4割が「働けるうちはいつまでも」働きたいと回答。70歳くらいまでもしくはそれ以上との回答と合計すれば、約8割が高齢期にも高い就業意欲を持っている様子がうかがえる。他の回答では、「80歳くらいまで（4.4%）」「仕事をしたいと思わない（1.8%）」となっている（内閣府『平成29年版高齢社会白書』）。

解答　エ

問題 079

高年齢者雇用安定法に関する以下のアからエまでの記述のうち、最も適切ではないものを1つ選びなさい。

ア. 高年齢者雇用安定法によれば、65歳未満の定年の定めをしている事業主は、当該定年の引上げ、再就職支援のいずれかの措置を講じなければならないとされている。

イ. 高年齢者雇用安定法は、事業主が定年の定めをする場合、当該定年は、原則として、60歳を下回ることができないと規定している。

ウ. 事業主は、労働者の募集及び採用をする場合において、やむを得ない理由により一定の年齢を下回ることを条件とするときは、求職者に対し、厚生労働省令で定める方法により、当該理由を示さなければならない。

エ. 事業主は、解雇等により離職が予定されている高年齢者等の従業員が希望するときは、求職活動支援書を作成し、本人に交付しなければならない。

解　説

本問は、高年齢者雇用安定法についての理解を問うものである。

ア　誤　り。 高年齢者雇用安定法は、65歳未満の定年の定めをしている事業主は、その雇用する高年齢者の65歳までの安定した雇用を確保するため、当該定年の引上げ・**継続雇用制度の導入・当該定年の定めの廃止**のいずれかの措置を講じなければならない（高年齢者雇用確保措置）と規定している（高年齢者雇用安定法9条）。従って、本記述は誤っている。

イ　正しい。 高年齢者雇用安定法は、事業主が定年の定めをする場合、当該定年は、原則として、60歳を下回ることができないと規定している。ただし、当該事業主が雇用する労働者のうち、高年齢者が従事することが困難であると認められる業務として厚生労働省令で定める業務に従事している労働者については、この限りでない（高年齢者雇用安定法8条）。従って、本記述は正しい。

ウ　正しい。 事業主は、労働者の募集及び採用をする場合において、やむを得ない理由により一定の年齢（65歳以下のものに限る）を下回ることを条件とするときは、求職者に対し、厚生労働省令で定める方法により、当該理由を示さなければならない（高年齢者雇用安定法20条1項）。従って、本記述は正しい。

エ　正しい。 事業主は、解雇等により離職が予定されている高年齢者等の従業員が希望するときは、求職活動支援書（高年齢者雇用安定法施行規則6条の3第8項）を作成し、本人に交付しなければならない（同法17条1項）。従って、本記述は正しい。

解答　ア

問題 080 シルバー人材センターに関する以下のアからエまでの記述のうち、最も適切ではないものを１つ選びなさい。

ア．シルバー人材センターは、国や地方公共団体の高齢社会対策を支える重要な組織として、高年齢者雇用安定法に基づいて事業を行う、都道府県知事の指定を受けた公益法人である。

イ．シルバー人材センターは、継続的かつ長期的な就業又はその他の専門的な業務に係る就業を希望する高年齢退職者のために、これらの就業の機会を確保し、及び組織的に提供する。

ウ．高年齢退職者の就業機会の確保のため、都道府県知事が指定した場合に、シルバー人材センターが、派遣と職業紹介に限り、会員に週40時間を上限とする業務を提供できる。

エ．シルバー人材センターは、会員に働く機会を提供することを通じて、会員の生きがいの充実や生活の安定、また、地域社会の発展や現役世代の下支えなどを推進することを目的としている。

解　説

本問は、シルバー人材センターについての理解を問うものである。

ア　正しい。 シルバー人材センターは、国や地方公共団体の高齢社会対策を支える重要な組織として、高年齢者雇用安定法に基づいて事業を行う、都道府県知事の指定（高年齢者雇用安定法第37条）を受けた公益法人である。従って、本記述は正しい。

イ　誤り。 「継続的かつ長期的な就業」が誤りで正しくは「**臨時的かつ短期的な就業**」である。シルバー人材センターは、臨時的かつ短期的な就業（雇用によるものを除く）又はその他の軽易な業務に係る就業（雇用によるものを除く）を希望する高年齢退職者のために、これらの就業の機会を確保し、及び組織的に提供する（高年齢者雇用安定法第38条1項）。従って、本記述は誤っている。
・臨時的・短期的な業務：概ね月10日程度以内
・軽易な業務：概ね週20時間を超えないことを目安（H16.11.4 職高発1104001号）

ウ　正しい。 平成28年4月より、都道府県知事が指定した場合に、シルバー人材センターが、派遣と職業紹介に限り、会員に週40時間を上限とする業務を提供することができるようになった（高年齢者雇用安定法第39条）。従って、本記述は正しい。

エ　正しい。 シルバー人材センターは、会員に働く機会を提供することを通じて、会員の生きがいの充実や生活の安定、また、地域社会の発展や現役世代の下支えなどを推進することを目的としています（厚生労働省『シルバー人材センターの適正就業ガイドライン』）。従って、本記述は正しい。

解答　イ

問題	労働法の沿革に関する以下のアからエまでの記述のうち、最も適切ではないものを1つ選びなさい。
081	

ア. 第2次世界大戦前の日本には、労働者保護のための法律として工場法が存在していたが、成年男子労働者を含む一般的な労働者保護立法は制定されていなかった。

イ. 第2次世界大戦後の日本では、日本社会の民主化という当時の占領政策を反映して、公務員を含む労働者の団結権や争議権について規定した旧労働組合法が制定された。

ウ. 第2次世界大戦後の日本では、労働条件保護に関して、原則として、すべての労働者に適用される労働基準法が制定されるとともに、同法が定める災害補償責任を保険制度によりカバーするための労働者災害補償保険法が制定された。

エ. 1980年代以降の日本では、社会・経済環境や雇用情勢の変化、労働力構造の変化、雇用・就業形態の多様化、企業における新たな人事処遇制度の展開などの事情を背景として、労働条件や雇用保障に関する多くの法令が制定・改正され、労働法は大きな変貌を遂げた。例えば、1985年には、労働契約法と労働者派遣法が制定された。

解　説

本問は、労働法の沿革についての理解を問うものである。

ア 正しい。　第２次世界大戦前の日本には、労働者保護のための法律として工場法
　　　　　　　　が存在していたが、成年男子労働者を含む一般的な労働者保護立法は
　　　　　　　　制定されていなかった。従って、本記述は正しい。

イ 正しい。　第２次世界大戦後の日本では、日本社会の民主化という当時の占領政
　　　　　　　　策を反映して、公務員を含む労働者の団結権や争議権について規定し
　　　　　　　　た旧労働組合法が制定された。従って、本記述は正しい。

ウ 正しい。　第２次世界大戦後の日本では、労働条件保護に関して、原則として、
　　　　　　　　すべての労働者に適用される労働基準法が制定されるとともに、同法
　　　　　　　　が定める災害補償責任を保険制度によりカバーするための労働者災害
　　　　　　　　補償保険法が制定された。従って、本記述は正しい。

エ 誤　り。　1980年代以降の日本では、社会・経済環境や雇用情勢の変化、労働
　　　　　　　　力構造の変化、雇用・就業形態の多様化、企業における新たな人事処
　　　　　　　　遇制度の展開などの事情を背景として、労働条件や雇用保障に関する
　　　　　　　　多くの法令が制定・改正され、労働法は大きな変貌を遂げた。例え
　　　　　　　　ば、1985年には、男女雇用機会均等法と労働者派遣法が制定され、
　　　　　　　　職業訓練法は職業能力開発促進法となった。**労働契約法（2007年制
　　　　　　　　定、2008年３月施行）**従って、本記述は誤っている。

解答　エ

問題 082 勤労の権利と義務に関する次の文章中の（　　）に入る<u>適切な語句の組合せ</u>を、以下のアからエまでのうち１つ選びなさい。

　日本国憲法第 27 条１項は、「すべて国民は、勤労の権利を有し、義務を負ふ。」とし、基本的人権として、勤労の権利を保障している。

　勤労の（　a　）は国が国民に対して勤労を（　b　）、社会国家としての理念を表明しているものといえる。勤労の（　c　）は、国家に対し、労働者が労働の機会を得られるよう体制を整える措置、労働の機会を得られない労働者に対し生活を保障する措置を講ずるよう要求する（　c　）である。

ア. a. 義務　　　b. 強制するもので　　　　　c. 権利
イ. a. 義務　　　b. 強制するものではなく　　　c. 権利
ウ. a. 権利　　　b. 強制するもので　　　　　c. 義務
エ. a. 権利　　　b. 強制するものではなく　　　c. 義務

解　説

本問は、勤労の権利と義務についての理解を問うものである。

　日本国憲法第 27 条１項は、「すべて国民は、勤労の権利を有し、義務を負ふ。」とし、基本的人権として、勤労の権利を保障している。

　勤労の（**a. 義務**）は国が国民に対して勤労を（**b. 強制するものではなく**）、社会国家としての理念をかかげている。勤労の（**c. 権利**）は、国家に対し、労働者が労働の機会を得られるよう体制を整える措置、労働の機会を得られない労働者に対し生活を保障する措置を講ずるよう要求する**権利**である。

解答	イ

問題 083

日本型雇用慣行の特徴に関する次の文章中の（　）に入る適切な語句の組合せを、以下のアからエまでのうち1つ選びなさい。

　日本型雇用は、「（　a　）」であるといわれる。大企業の正社員で典型的にみられる形態として、長期雇用、年功賃金を前提として、職務や勤務地が原則（　b　）という雇用慣行である。賃金は勤続年数や能力を基準に決定され、定期昇給もある。事業撤退等により職務が消滅しても配置転換等により雇用が維持されやすい。

　これに対し、欧州、アジア諸国は「（　c　）」といわれる。職務や勤務地が原則（　d　）で、賃金は職務ごとに決定され、定期昇給はない。職務が消滅すれば金銭的な補償等の上で解雇されやすい。

ア. a. メンバーシップ型　　b. 無限定　　c. ジョブ型　　d. 限定
イ. a. メンバーシップ型　　b. 限定　　c. ジョブ型　　d. 無限定
ウ. a. ジョブ型　　b. 無限定　　c. メンバーシップ型　　d. 限定
エ. a. ジョブ型　　b. 限定　　c. メンバーシップ型　　d. 無限定

解　説

本問は、日本型雇用慣行の特徴についての理解を問うものである。

　日本型雇用は、「(**a. メンバーシップ型**)」であるといわれる。大企業の正社員で典型的にみられる形態として、長期雇用、年功賃金を前提として、職務や勤務地が原則（**b. 無限定**）という雇用慣行である。賃金は勤続年数や能力を基準に決定され、定期昇給もある。事業撤退等により職務が消滅しても配置転換等により雇用が維持されやすい。

　これに対し、欧州、アジア諸国は「(**c. ジョブ型**)」といわれる。職務や勤務地が原則（**d. 限定**）で、賃金は職務ごとに決定され、定期昇給はない。職務が消滅すれば金銭的な補償等の上で解雇されやすい。

解答　ア

問題	職業選択の自由と採用の自由に関する以下のアからエまでの記述のうち、
084	最も適切ではないものを 1 つ選びなさい。

ア. 憲法 22 条 1 項は、「何人も、公共の福祉に反しない限り、居住、移転及び職業選択の自由を有する」として、基本的人権としての職業選択の自由を保障する。

イ. 「職業選択の自由」は、自己の従事する職業を決定する自由を意味しており、これには、自己の選択した職業を遂行する自由（営業の自由）も含まれるものと考えられている。

ウ. 企業者は、契約締結の自由を有し、自己の営業のために労働者を雇用するにあたり、いかなる者を雇い入れるか、いかなる条件でこれを雇うかについて、法律その他による特別の制限がない限り、原則として自由にこれを決定することができる。

エ. 企業者が、労働者の採否決定にあたり、労働者の思想、信条を調査する行為は、当該労働者の思想、信条の自由に対して影響を与える可能性があるため、企業者の当該行為は法的に許されることはない。

解　説

本問は、職業選択の自由と採用の自由についての理解を問うものである。

ア　正しい。「何人も、公共の福祉に反しない限り、居住、移転及び職業選択の自由を有する」（憲法22条1項）。従って、本記述は正しい。

イ　正しい。「職業選択の自由」は、自己の従事する職業を決定する自由を意味しており、これには、自己の選択した職業を遂行する自由（「営業の自由」）も含まれるものと考えられている（憲法22条1項）。従って、本記述は正しい。

ウ　正しい。判例は、「憲法は、思想、信条の自由や法の下の平等を保障すると同時に、他方、22条、29条等において、財産権の行使、営業その他広く経済活動の自由をも基本的人権として保障している。それゆえ、企業者は、かような経済活動の一環としてする契約締結の自由を有し、自己の営業のために労働者を雇用するにあたり、いかなる者を雇い入れるか、いかなる条件でこれを雇うかについて、法律その他による特別の制限がない限り、原則として自由にこれを決定することができるのであって、企業者が特定の思想、信条を有する者をそのゆえをもって雇い入れることを拒んでも、それを当然に違法とすることはできないのである。」としている（三菱樹脂採用拒否事件、最大判昭48.12.12）。従って、本記述は正しい。

エ　誤り。判例は、「企業者が雇用の自由を有し、思想、信条を理由として雇入れを拒んでもこれを目して違法とすることができない以上、**企業者が、労働者の採否決定にあたり、労働者の思想、信条を調査し、そのためその者からこれに関連する事項についての申告を求めることも、これを法律上禁止された違法行為とすべき理由はない。**」と述べた上で、「被上告人の思想、信条そのものについてではなく、直接には被上告人の過去の行動についてされたものであり、ただその行動が被上告人の思想、信条となんらかの関係があることを否定できないような性質のものであるというにとどまるとすれば、なおさらこのような調査を目して違法とすることはできない」としている（三菱樹脂採用拒否事件、最大判昭48.12.12）。従って、本記述は誤っている。

解答　エ

労働契約法における労働契約に関する以下のアからエまでの記述のうち、最も適切なものを1つ選びなさい。

ア. 労働者及び使用者は、労働契約の内容（期間の定めのある労働契約に関する事項を含む）について、必ず書面により確認しなければならない。

イ. 労働契約法は、労働者および使用者が対等な立場での自主的交渉において合意することによって締結し、または変更されるべきであるという合意の原則を宣明している。

ウ. 労働者及び使用者が労働契約を締結する場合において、使用者が就業規則によって合理的な労働条件を定めているときは、その就業規則を労働者に周知させていたか否かにかかわらず、労働契約の内容は、その就業規則で定める労働条件によるものとする。

エ. 使用者が優越的な立場で指揮命令権、業務命令権、人事権などを行使する労働関係においては、権限行使の行き過ぎを抑制するために信義誠実の原則が発達し、労働契約法はその旨の規定をしている。

🤔

解　説

本問は、労働契約についての理解を問うものである。

ア　誤　り。「必ず書面により」が誤りであり、正しくは「できる限り書面により」である。労働者及び使用者は、労働契約の内容（期間の定めのある労働契約に関する事項を含む）について、**できる限り**書面により確認するものとする（労働契約法4条2項）。従って、本記述は誤っている。

イ　正しい。労働契約法は、まず、労働者および使用者が対等な立場での自主的交渉において合意することによって締結し、変更されるべきである、という合意の原則を宣明する（労働契約法3条1項、なお1条参照）。従って、本記述は正しい。

ウ　誤　り。「労働者及び使用者が労働契約を締結する場合において、使用者が合理的な労働条件が定められている就業規則を労働者に**周知させていた場合**には、労働契約の内容は、その就業規則で定める労働条件によるものとする」と規定している（労働契約法7条）。就業規則に労働契約の内容を規律する効力を与えるためには、法規範として当該事業場において周知させていたことが必要であるという趣旨である。従って、本記述は誤っている。

エ　誤　り。使用者が優越的な立場で指揮命令権、業務命令権、人事権、懲戒権、解雇権などを行使する労働関係においては、権限行使の行き過ぎを抑制する法理として**権利濫用法理**が発達し、労働契約法3条5項で権利濫用禁止の原則を規定した。従って、本記述は誤っている。

解答　イ

<table>
<tr><td>問題
086</td><td>「労働者」に関する以下のアからエまでの記述のうち、最も<u>適切ではない</u>ものを1つ選びなさい。</td></tr>
</table>

ア. 労働基準法は、その適用対象である「労働者」を「職業の種類を問わず、事業又は事務所に使用される者」と定義している。

イ. 大学教授の私設秘書であっても、大学教授に使用されて労働し、賃金を支払われている場合には、労働基準法の「労働者」に当たる。

ウ. 研修医が医療行為等に従事する場合には、これらの行為等は病院の開設者のための労務の遂行という側面を不可避的に有することとなるのであり、病院の開設者の指揮監督の下にこれを行ったと評価することができる限り、上記研修医は労働基準法の労働者に当たる。

エ. 請負契約で新聞配達人を雇っていても実態として使用従属関係が認められれば、当該関係は労働関係であり、当該請負人は労働基準法の「労働者」に当たる。

解　説

本問は、労働者の定義についての理解を問うものである。

ア　正しい。 　労働基準法9条は、その適用対象である「労働者」とは、職業の種類を問わず、事業又は事務所に使用される者で、賃金を支払われる者と規定している。従って、本記述は正しい。

イ　誤　り。 　労働基準法9条は、その適用対象である「労働者」とは、職業の種類を問わず、事業又は事務所に使用される者で、賃金を支払われる者と規定している。この定義は、労働契約法2条1項とほぼ同義であるが、労働基準法9条は、「事業又は事務所に使用される者」という限定を加えている。よって、大学教授の私設秘書は、**労働契約法上の「労働者」に当たるが、労働基準法上の「労働者」には当たらない。**従って、本記述は誤っている。

ウ　正しい。 　判例は、「研修医がこのようにして医療行為等に従事する場合には、これらの行為等は病院の開設者のための労務の遂行という側面を不可避的に有することとなるのであり、病院の開設者の指揮監督の下にこれを行ったと評価することができる限り、上記研修医は労働基準法9条所定の労働者に当たるものというべきである。」としている（関西医科大学事件、最判平17.6.3）。労働基準法上の「労働者」というためには、事業主の指揮監督の下で事業に従事することが要件となる。従って、本記述は正しい。

エ　正しい。 　請負契約で新聞配達人を雇っていても実態として使用従属関係が認められれば、配達人も労働者となり、労働基準法の適用がある（労働基準法9条、S22.11.27 基発400号）。従って、本記述は正しい。

解答　イ

労働契約における労働者と使用者の権利・義務に関する以下のアからエまでの記述のうち、最も適切ではないものを1つ選びなさい。

ア. 労働者が労働義務または付随的義務に違反して使用者に損害を与えた場合には、債務不履行または不法行為に基づく損害賠償責任を負うこととなる。

イ. 人事権は、法律で定義されている権限ではないが、使用者は、労働契約に基づき、人事権を有していると解されている。

ウ. 競業避止義務特約を定めていない場合、労働者は、労働契約の終了後も、使用者の利益を損なう可能性があるため、一般的には、労働契約の存続中と同様に競業避止義務を負う。

エ. 使用者は、労務を提供する労働者に対して報酬として賃金を支払う義務のほかに付随義務として労働者の契約上の信義則に基づいた安全や健康管理等の配慮義務を負う。

解　説

本問は、労働者と使用者の権利義務についての理解を問うものである。

ア　正しい。　労働者が労働義務または付随的義務に違反して使用者に損害を与えた場合、債務不履行に基づく損害賠償責任を負う（民法415条・416条）。また、労働者の行為が不法行為（民法709条）の要件を満たせば、損害賠償責任を負う。従って、本記述は正しい。

イ　正しい。　人事権とは、法律で直接定義されている権利ではないが、使用者は、労働契約に基づき、労働者の採用、配置、異動（配転）、人事考課、昇進・昇格・降格、求職、解雇などを行う権利を有すると解される。従って、本記述は正しい。

ウ　誤　り。　競業避止義務特約を定めていない場合、退職後の労働者には、職業選択の自由と営業の自由がある（憲法22条1項）ので、労働契約存続中のように**一般的に競業避止義務を認めることはできない**。競業避止義務特約を定めている場合においても、判例は、「退職後の秘密保持義務の合理性を前提に、期間、区域、職種、使用者の利益の程度、労働者の不利益の程度、労働者への代償の有無等の諸般の事情を総合して合理的な制限の範囲にとどまっているときに限り、公序良俗に反せず無効とは言えないと解される」としている（東京地判平14.8.30）。従って、本記述は誤っている。

エ　正しい。　使用者は、労務を提供する労働者に対して報酬として賃金を支払う義務（民法623条）のほかに付随義務として労働者の契約上の信義則に基づいた安全や健康管理等の配慮義務を負う（労働契約法5条）。従って、本記述は正しい。

解答　　ウ

問題 088

試用期間とトライアル雇用に関する以下のアからエまでの記述のうち、最も適切ではないものを1つ選びなさい。

ア. トライアル雇用の期間が終了して、本採用となるかどうかは、事業主にも労働者にも選択権がある。トライアル雇用の実施は、対象労働者の常用雇用を義務付けるものではなく、できる限り常用雇用へ移行するよう努力するものである。

イ. トライアル雇用制度では、対象労働者を3か月以内の期間を定めて試行的に雇用する労働者として雇い入れる事業主に助成金を支給することからトライアル雇用期間の長さを原則3か月としている。

ウ. 試用期間は、解約権留保付の雇用契約ではあるが、留保付解約権の行使は解約権留保の趣旨・目的に照らして、客観的に合理的な理由が存在し、社会通念上相当として是認される場合のみ許される。

エ. 試用期間の延長は、法律で明確な定めがないため、就業規則に「会社が特に認めた場合は、試用期間を延長する場合がある」等の規定を設けておけば、制限なく認められることとなる。

解　説

本問は、試用期間とトライアル雇用についての理解を問うものである。

ア　正しい。 トライアル雇用の期間が終了して、本採用となるかどうかは、事業主にも労働者にも選択権がある。トライアル雇用の実施は、対象労働者の常用雇用を義務付けるものではなく、できる限り常用雇用へ移行するよう努力するものである（厚生労働省『【事業主の方へ】トライアル雇用のご案内』）。従って、本記述は正しい。

イ　正しい。 トライアル雇用制度では、対象労働者を3カ月以内の期間を定めて試行的に雇用する労働者として雇い入れる事業主に助成金を支給することからトライアル雇用期間の長さを原則3か月としている（雇用保険法施行規則110条の3第2項1号）。従って、本記述は正しい。

ウ　正しい。 試用期間は、解約権留保付の雇用契約ではあるが、留保付解約権の行使は「解約権留保の趣旨・目的に照らして、客観的に合理的な理由が存在し、社会通念上相当として是認される場合にのみ許される。」としている（三菱樹脂採用拒否事件最判 S48.12.12））。従って、本記述は正しい。

エ　誤り。 試用期間を延長するためには、就業規則に「会社が特に認めた場合には、試用期間を延長する場合がある」等の規定を設けておく必要があるが、「会社は、試用期間を満了した者については、不適格と認められる場合のほかは原則として社員に登用しなければならない義務がある。（中略）従って、**試用期間の延長規定の適用は、これを首肯できるだけの合理的な事由のある場合でなければならない**」としている（大阪読売新聞社事件大阪高裁 S.45.7.10）。従って、本記述は誤っている。

解答　エ

労働基準法における労働者の人権擁護規定に関する以下のアからエまでの記述のうち、最も<u>適切な</u>ものを１つ選びなさい。

ア. 労働基準法６条は、何人も、法律に基いて許される場合の外、業として他人の就業に介入して利益を得てはならないと規定しているが、その規制の対象は事業主に限られる。

イ. 労働基準法３条は、使用者が労働者を雇い入れる際に、当該労働者の国籍、信条又は社会的身分を理由として、賃金、労働時間その他の労働条件について差別的取扱いをしてはならないと規定している。

ウ. 労働基準法７条は、使用者は、原則として、労働者が労働時間中に、選挙権その他公民としての権利を行使し、又は公の職務を執行するために必要な時間を請求した場合において、拒んではならないと規定している。

エ. 労働基準法４条は、使用者は、労働者が女性であることを理由として、賃金、労働時間その他の労働条件について、男性と差別的取扱いをしてはならないと規定している。

解　説

本問は、労働者の人権擁護規定についての理解を問うものである。

ア　誤　り。　「何人も、法律に基いて許される場合の外、業として他人の就業に介入して利益を得てはならない」（労働基準法６条）。労働関係の外にある第三者が、労働関係の存続に介入し、いわゆるピンハネ等の不当な賃金搾取を行うことを禁止するための規定であるが、「何人」には、事業を営む**事業主だけではなく、個人、団体も含まれる**。従って、本記述は誤っている。

イ　誤　り。　「使用者は、労働者の国籍、信条又は社会的身分を理由として、賃金、労働時間その他の労働条件について、差別的取扱をしてはならない（労働基準法３条）」と規定されており、当該理由は、限定列挙である。また、**差別的取扱を禁止しているのは雇入れ後**である（三菱樹脂採用拒否事件、最大判昭48.12.12）。従って、本記述は誤っている。

ウ　正しい。　労働基準法７条は、使用者は、原則として、労働者が労働時間中に、選挙権その他公民としての権利を行使し、又は公の職務を執行するために必要な時間を請求した場合において、拒んではならないと規定している。従って、本記述は正しい。

エ　誤　り。　労働基準法４条は、使用者は、労働者が女性であることを理由として、賃金について、男性と差別的取扱いをしてはならないと規定しているが、**この条文で差別的取扱いが禁止されているのは、賃金のみ**となっている。従って、本記述は誤っている。

解答　ウ

問題 090

公益通報者保護法に関する以下のアからエまでの記述のうち、最も適切ではないものを1つ選びなさい。

ア. 公益通報者保護法は、公益通報者の保護を図るとともに、国民の生命、身体、財産その他の利益の保護にかかわる法令の規定の遵守を図り、もって国民生活の安定及び社会経済の健全な発展に資することを目的としている。

イ. 公益通報者保護法では、公益通報者である労働者を保護するため、本法に違反した事業者に対する罰則規定を設けている。

ウ. 公益通報者保護法における「通報対象事実」には、国民の生命、身体、財産その他の利益の保護にかかわる刑法等に規定されている罪の犯罪行為の事実がある。

エ. 公益通報者保護法における「公益通報」とは、労働者が不正の目的でなく労務提供先等について、「通報対象事実」が生じ又は生じようとする旨を通報先に通報することである。

解　説

本問は、公益通報者保護法についての理解を問うものである。

ア　正しい。　公益通報者保護法は、公益通報者の保護を図るとともに、国民の生命、身体、財産その他の利益の保護にかかわる法令の規定の遵守を図り、もって国民生活の安定及び社会経済の健全な発展に資することを目的としている（公益通報者保護法1条）。従って、本記述は正しい。

イ　誤　り。　**公益通報者保護法には、当該法律に違反した事業者に対する罰則規定は設けていない**。従って、本記述は誤っている。

ウ　正しい。　この法律において「通報対象事実」とは、次のいずれかの事実をいう。個人の生命又は身体の保護、消費者の利益の擁護、環境の保全、公正な競争の確保その他の国民の生命、身体、財産その他の利益の保護にかかわる法律として別表に掲げるもの（これらの法律に基づく命令を含む。次号において同じ）に規定する罪の犯罪行為の事実をいう（公益通報者保護法2条3項）。従って、本記述は正しい。

エ　正しい。　「公益通報」とは、労働者が不正の利益を得る目的、他人に損害を加える目的その他の不正の目的でなく、その労務提供先等に通報対象事実が生じ、又は生じようとしている旨を、当該労務提供先若しくは当該労務提供先があらかじめ定めた者、当該通報対象事実について処分若しくは勧告等をする権限を有する行政機関等に通報することをいう（公益通報者保護法2条1項）。従って、本記述は正しい。

解答　イ

就業規則に関する以下のアからエまでの記述のうち、最も適切ではないものを１つ選びなさい。

ア. 労働基準法は、常時10人以上の労働者を使用する使用者は、就業規則を作成し、行政官庁に届け出なければならないと規定しているが、ここでいう「常時10人以上の労働者を使用する」には、通常は８人であって、繁忙期の時だけさらに２、３人の労働者を雇い入れるような場合は含まれない。

イ. 判例は、労働条件の集合的処理、特にその統一的かつ画一的な決定を建前とする就業規則の性質からいって、当該規則条項が合理的なものであるかぎり、個々の労働者において、これに同意しないことを理由として、その適用を拒否することは許されないとしている。

ウ. 使用者は、就業規則の作成又は変更について、当該事業場に、労働者の過半数で組織する労働組合がある場合においてはその労働組合、労働者の過半数で組織する労働組合がない場合においては労働者の過半数を代表する者の意見を聴かなければならない。

エ. 常時10人以上の労働者を使用する使用者は就業規則を作成する義務を負うが、週の所定労働日数が１日のパートタイム労働者は、この労働者数の算定に含まれない。

解　説

本問は、就業規則についての理解を問うものである。

ア 正しい。 労働基準法は、常時10人以上の労働者を使用する使用者は、就業規則を作成し、行政官庁に届け出なければならないと規定している（労働基準法89条）が、ここでいう「常時10人以上の労働者を使用する」には、通常は8人であって、繁忙期の時だけさらに2、3人の労働者を雇い入れるような場合は含まれない。従って、本記述は正しい。

イ 正しい。 判例は、労働条件の集合的処理、特にその統一的かつ画一的な決定を建前とする就業規則の性質からいつて、当該規則条項が合理的なものであるかぎり、個々の労働者において、これに同意しないことを理由として、その適用を拒否することは許されないとしている（最判昭43.12.25秋北バス事件）。従って、本記述は正しい。

ウ 正しい。 使用者は、就業規則の作成又は変更について、当該事業場に、労働者の過半数で組織する労働組合がある場合においてはその労働組合、労働者の過半数で組織する労働組合がない場合においては労働者の過半数を代表する者の意見を聴かなければならない（労働基準法90条）。従って、本記述は正しい。

エ 誤　り。 「労働者」とは、職業の種類を問わず、事業又は事務所に使用される者で、賃金を支払われる者（労働基準法9条）をいうことから、就業規則の作成にかかる**「常時10人以上の労働者」からは、パートタイム労働者が勤務日が少ないとの理由で除外されない**（同法89条）。従って、本記述は誤っている。

解答	エ

問題 092 就業規則の記載事項に関する以下のアからエまでの記述のうち、最も適切ではないものを1つ選びなさい。

ア. 安全衛生に関する事項は、相対的必要記載事項とされている。

イ. 退職に関する事項（解雇の事由を含む）は、相対的必要記載事項とされている。

ウ. 労働者を2組以上に分けて交替に就業させる場合、就業時転換に関する事項は絶対的必要記載事項とされている。

エ. 昇給に関する事項は、絶対的必要記載事項とされている。

解　説

本問は、就業規則の記載事項についての理解を問うものである。

就業規則に記載する内容には、必ず記載しなければならない事項（絶対的必要記載事項）と、当該事業場で定めをする場合に記載しなければならない事項（相対的必要記載事項）がある（労働基準法89条、H11.3.31 基発168号）。

・絶対的必要記載事項
　①始業及び終業の時刻、休憩時間、休日、休暇並びに交替制の場合には就業時転換に関する事項
　②賃金の決定、計算及び支払の方法、賃金の締切り及び支払の時期並びに昇給に関する事項
　③退職に関する事項（解雇の事由を含む。）
・相対的必要記載事項
　①退職手当に関する事項
　②臨時の賃金（賞与）、最低賃金額に関する事項
　③食費、作業用品などの負担に関する事項
　④安全衛生に関する事項
　⑤職業訓練に関する事項
　⑥災害補償、業務外の傷病扶助に関する事項
　⑦表彰、制裁に関する事項
　⑧その他全労働者に適用される事項

ア　正しい。　安全衛生に関する事項は、相対的必要記載事項とされている（労働基準法89条6号、H11.3.31 基発168号）。従って、本記述は正しい。

イ　誤り。　退職に関する事項（解雇の事由を含む）は、相対的必要記載事項とされておらず**絶対的必要記載事項**とされている（労働基準法89条3号、H11.3.31 基発168号）。従って、本記述は誤っている。

ウ　正しい。　労働者を2組以上に分けて交替に就業させる場合において、就業時転換に関する事項は、絶対的必要記載事項とされている（労働基準法89条1号後半部分、H11.3.31 基発168号）。従って、本記述は正しい。

エ　正しい。　賃金（臨時の賃金等を除く）の決定、計算及び支払の方法、賃金の締切り及び支払の時期並びに昇給に関する事項は、絶対的必要記載事項とされている（法89条2号、H11.3.31 基発168号）従って、本記述は正しい。

解答　イ

問題	解雇の禁止規定に関する以下のアからエまでの記述のうち、最も適切で
093	はないものを１つ選びなさい。

ア. 労働基準法は、使用者は、労働者が業務上負傷し、又は疾病にかかり療養のために休業する期間及びその後 30 日間並びに女性労働者が産前産後休業をする期間及びその後１年間は、解雇してはならないと規定している。

イ. 使用者は、労働者が労働基準法違反を監督機関に申告したことまたは公益通報をしたことを理由として解雇してはならない。

ウ. 使用者は、女性労働者が婚姻したこと、妊娠、出産、産前産後休業を請求したこと等を理由として解雇してはならない。

エ. 使用者は、労働者が労働組合を結成しようとしたこと等を理由として解雇してはならない。

解　説

本問は、解雇の禁止規定についての理解を問うものである。

ア　誤　り。 労働基準法は、使用者は、労働者が業務上負傷し、又は疾病にかかり療養のために休業する期間及びその後 30 日間並びに女性労働者が産前産後休業をする期間及びその後**30 日間**は、解雇してはならないと規定している（労働基準法 19 条）。従って、本記述は誤っている。

イ　正しい。 使用者は、労働者が労働基準法違反を監督機関に申告したこと（労働基準法 104 条 2 項）または公益通報をしたこと（公益通報者保護法 3 条）を理由として解雇してはならない。従って、本記述は正しい。

ウ　正しい。 使用者は、女性労働者が婚姻したこと、妊娠、出産、産前産後休業を請求したこと等を理由として解雇してはならない（男女雇用機会均等法 9 条）。従って、本記述は正しい。

エ　正しい。 使用者は、労働者が労働組合を結成しようとしたこと等を理由として解雇してはならない（労働組合法第 7 条）。従って、本記述は正しい。

解答　ア

問題 094　次の図は、我が国における民事上の個別労働紛争の主な相談内容の件数の推移を表している。（　　）に入る<u>適切な語句の組合せ</u>を、以下のアからエまでのうち１つ選びなさい。

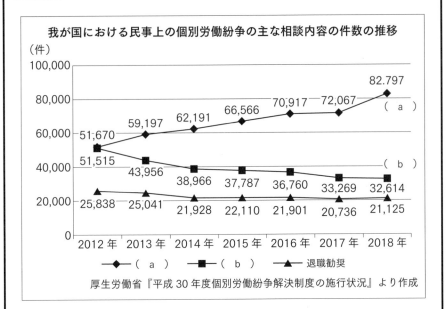

ア．a. 労働条件の引き下げ　　b. 解雇
イ．a. いじめ・嫌がらせ　　　b. 労働条件の引き下げ
ウ．a. 労働条件の引き下げ　　b. いじめ・嫌がらせ
エ．a. いじめ・嫌がらせ　　　b. 解雇

本問は、民事上の個別労働紛争の主な相談内容についての理解を問うものである。

　　総合労働相談のうち、民事上の個別労働紛争の相談内容では「いじめ・嫌がら
せ」が 82,797 件と、7 年連続で最多となり、次いで「自己都合退職（41,258
件）」、「解雇（32,614 件）」、「労働条件の引下げ（27,082 件）」、「退職勧奨
（21,125 件）となっている。
　「総合労働相談」：都道府県労働局、各労働基準監督署内、駅近隣の建物など
380 か所（平成 30 年 4 月 1 日現在）に、あらゆる労働問題に関する相談にワン
ストップで対応するための総合労働相談コーナーを設置し、専門の相談員が対応。
なお、平成 28 年度から、都道府県労働局の組織見直しにより「雇用環境・均等
（部）室」が設置され、これまで「雇用均等室」で対応していた男女雇用機会均等
法等に関しても一体的に労働相談として対応することになったため、それらの相
談件数も計上されている。

解答　エ

問題 095 裁判外紛争解決手続（ADR）に関する以下のアからエまでの記述のうち、最も適切なものを1つ選びなさい。

ア．日本における ADR の手続きは、「ADR 機関」と呼ばれる紛争当事者と関わりのない第三者機関によって行われているが、機関は、司法機関（簡易裁判所、家庭裁判所等）と行政機関（労働委員会、国民生活センター等）に大別することができる。

イ．あっせんは、当事者同士での交渉で解決を図る事を目的として、あっせん人が間に入って当事者同士の話し合いを進めて解決を図るものである。

ウ．仲裁は、仲裁人が示した解決案を拒否することができるが、調停判断は裁判の判決と同じ効力があり、当事者は拒否することができない。

エ．裁判外紛争解決手続は、民事訴訟と比べた場合、利用者にとって費用が少なくすむ、時間がかからないなどのメリットがある一方で、公開のためプライバシーや社内技術などが外部に漏れるリスクが懸念されている。

本問は、裁判外紛争解決手続（ADR）についての理解を問うものである。

ア　誤り。　日本における ADR の手続きは、「ADR 機関」と呼ばれる紛争当事者と関わりのない第三者機関によって行われているが、機関は、**司法機関**（簡易裁判所、家庭裁判所等）、**行政機関**（労働委員会、国民生活センター等）、**民間機関**（交通事故紛争処理センター、生命保険協会等）に大別することができる。従って、本記述は誤っている。

イ　正しい。　あっせんは、当事者同士での交渉で解決を図る事を目的として、あっせん人が間に入って当事者同士の話し合いを進めて解決を図るものである。従って、本記述は正しい。

ウ　誤り。　**調停は、調停人が示した解決案を拒否することができるが、仲裁判断は裁判の判決と同じ効力があり、当事者は拒否することができない。**また、控訴や上告等の不服申し立ての制度はなく、仲裁がなされたケースについて裁判を起こす事はできない。従って、本記述は誤っている。

エ　誤り。　裁判外紛争解決手続は、民事訴訟と比べた場合、利用者にとって費用が少なくすむ、時間がかからない、**非公開のためプライバシーや社内技術などが外部に漏れるリスクを回避することができる**などのメリットがある。従って、本記述は誤っている。

解答　イ

問題
096

賃金の支払に関する諸原則について、以下のアからエまでの記述のうち、最も適切ではないものを1つ選びなさい。

ア.「直接払の原則」とは、賃金は直接労働者に支払われなければならないという原則であるが、親権者などの法定代理人や労働者の任意代理人に支払うことは適法とされている。

イ.「毎月払の原則、一定の期日払の原則」とは、賃金は毎月1回以上、一定の期日を定めて支払わなければならないという原則であるが、臨時に支払われる金銭や賞与などは、この限りではない。

ウ.「全額払の原則」とは、賃金は所定支払日に支払うことが確定している全額を支払わなければならないとする原則であるが、法令に別段の定めがある場合又は労使協定がある場合には、賃金の一部を控除できる。

エ.「通貨払の原則」とは、賃金は「通貨」で支払われなければならないという原則であるが、労働協約に別段の定めがある場合には、現物支給も許される。

本問は、賃金の支払に関する諸原則についての理解を問うものである。

ア　誤　り。　「直接払の原則」とは、賃金は労働者に対して直接支払わなければなら
　　　　　　　　ないとする原則のことをいう（労働基準法24条1項）。賃金の支払
　　　　　　　　いにおいては、直接払いの原則により、**労働者の任意代理人はもとよ
　　　　　　　　り、親権者などの法定代理人に賃金を支払うことも禁止されている。**
　　　　　　　　なお、「使者」に対する賃金の支払（病気中の労働者がその配偶者に給
　　　　　　　　料を取りに行かせる行為など）は適法とされている（S63.3.14 基発
　　　　　　　　150号）。従って、本記述は誤っている。

イ　正しい。　「毎月払の原則、一定の期日払の原則」とは、賃金は毎月1回以上、
　　　　　　　　一定の期日を定めて支払わなければならないという原則であるが、臨
　　　　　　　　時に支払われる金銭や賞与などは、この限りではない（労働基準法
　　　　　　　　24条2項）。従って、本記述は正しい。

ウ　正しい。　「全額払の原則」とは、賃金は所定支払日に支払うことが確定している
　　　　　　　　全額を支払わなければならないとする原則であるが、法令に別段の定
　　　　　　　　めがある場合又は労使協定がある場合には、賃金の一部を控除できる
　　　　　　　　（労働基準法24条1項）。従って、本記述は正しい。

エ　正しい。　「通貨払の原則」とは、賃金は「通貨」で支払われなければならないと
　　　　　　　　いう原則であるが、労働協約に別段の定めがある場合には、現物支給
　　　　　　　　も許される（労働基準法24条1項）。従って、本記述は正しい。

解答　ア

問題 097

平均賃金に関する以下のアからエまでの記述のうち、最も<u>適切ではない</u>ものを1つ選びなさい。

ア. 平均賃金は、解雇の場合の予告手当や労働災害の場合の補償など、労働基準法上の金銭給付を計算する際に用いられる。

イ. 賃金が、労働した日若しくは時間によって算定され、又は出来高払制その他の請負制によって定められた場合、平均賃金は、賃金の総額をその期間中に労働した日数で除した金額の80%を下ってはならない。

ウ. 平均賃金の計算の基礎となる賃金の総額には、臨時に支払われた賃金及び3か月を超える期間ごとに支払われる賃金並びに通貨以外のもので支払われた賃金で一定の範囲に属しないものは算入しない。

エ. 平均賃金を算定すべき事由の発生した日以前3か月間に、育児介護休業法による休業をした期間がある場合、その日数及びその期間中の賃金は、平均賃金の計算の基礎となる期間及び賃金の総額から控除する。

本問は、平均賃金についての理解を問うものである。

ア　正しい。 平均賃金とは、これを算定すべき事由の発生した日以前 3 か月間にその労働者に対し支払われた賃金の総額を、その期間の総日数で除した金額をいう（労働基準法 12 条）。平均賃金は、解雇の場合の予告手当（労働基準法 20 条）や労働災害の場合の補償（労働基準法 76 条〜82 条）など、労働基準法上の金銭給付を計算する際に用いられる。従って、本記述は正しい。

イ　誤　り。 賃金が、労働した日若しくは時間によって算定され、又は出来高払制その他の請負制によって定められた場合、平均賃金は、賃金の総額をその期間中に労働した日数で除した金額の **60%** を下ってはならない（労働基準法 12 条 1 項ただし書 1 号）。従って、本記述は誤っている。

ウ　正しい。 「平均賃金の計算の基礎となる賃金の総額には、臨時に支払われた賃金及び 3 か月を超える期間ごとに支払われる賃金並びに通貨以外のもので支払われた賃金で一定の範囲に属しないもの（労働基準法施行規則 2 条）は算入しない」（労働基準法 12 条 4 項）。従って、本記述は正しい。

エ　正しい。 平均賃金を算定すべき事由の発生した日以前 3 か月間に、育児介護休業法による休業をした期間がある場合、その日数及びその期間中の賃金は、平均賃金の計算の基礎となる期間及び賃金の総額から控除する（労働基準法 12 条 3 項 4 号）。従って、本記述は正しい。

解答　イ

問題 098

賃金の支払の確保等に関する法律について、以下のアからエまでの記述のうち、最も<u>適切ではない</u>ものを1つ選びなさい。

ア. 事業主は、労働契約、労働協約、就業規則等において労働者に退職手当を支払うことを明らかにしたときは、退職金の支払に充てるべき資金を社外に準備している場合を除き、その退職手当の支払いに充てるべき額として厚生労働省令で定める額について、貯蓄金の保全措置に準ずる措置を講ずるように努めなければならない。

イ. 立替払いの対象となる未払い賃金は、退職日の6か月前の日から独立行政法人労働者健康安全機構に対する立替払い請求日の前日までの間に支払期日が到来している定期賃金及び退職金であって、未払となっているものである。

ウ. 労働者が独立行政法人労働者健康安全機構から、未払い賃金の立替払いを受けるためには、当該未払い賃金を発生させた事業が労働者災害補償保険の適用事業であり、かつ事業が3年以上継続されていたことを必要とする。

エ. 独立行政法人労働者健康安全機構に対する未払い賃金の立替払い請求は、破産、特別清算、民事再生、会社更生の手続が開始された日の翌日から計算して2年間が経過するとできなくなる。

本問は、賃金の支払の確保等に関する法律についての理解を問うものである。

ア　正しい。 事業主は、労働契約、労働協約、就業規則等において労働者に退職手当を支払うことを明らかにしたときは、退職金の支払いに充てるべき資金を社外に準備している場合を除き、その退職手当の支払に充てるべき額として厚生労働省令で定める額について、貯蓄金の保全措置に準ずる措置を講ずるように努めなければならない（賃金支払確保法5条）。従って、本記述は正しい。

イ　正しい。 未払賃金総額とは、基準退職日以前の労働に対する労働基準法24条2項本文の賃金及び基準退職日にした退職に係る退職手当であって、基準退職日の6か月前の日から独立行政法人労働者健康安全機構に対する立替払請求日の前日までの間に支払期日が到来し、当該支払期日後まだ支払われていないものの額の総額をいう（賃金支払確保法7条、令4条2項）。対象となるのは、定期賃金と退職金である。従って、本記述は正しい。

ウ　誤　り。 労働者が独立行政法人労働者健康安全機構から、未払い賃金の立替払いを受けるためには、当該未払い賃金を発生させた事業が労働者災害補償保険の適用事業であり、かつ事業が**1年以上**継続されていたことを必要とする（賃金支払確保法7条、則7条）。従って、本記述は誤っている。

エ　正しい。 独立行政法人労働者健康安全機構に対する未払い賃金の立替払い請求は、破産、特別清算、民事再生、会社更生の手続が開始された日の翌日から計算して2年間が経過するとできなくなる（規則17条3項）。従って、本記述は正しい。

解答　ウ

問題 099

休憩時間に関する以下のアからエまでの記述のうち、最も<u>適切ではない</u>ものを１つ選びなさい。

ア. 使用者は、所定労働時間が６時間である労働者には、少なくとも45分の休憩時間を労働時間の途中に与えなければならない。

イ. 休憩時間とは、単に作業に従事しない手待時間を含まず、労働者が権利として労働から離れることを保障する時間のことである。

ウ. 製造業に属する事業場において、休憩時間は、原則として、一斉に与えなければならないが、当該事業場に労働者の過半数で組織する労働組合がある場合においてはその労働組合、労働者の過半数で組織する労働組合がない場合においては労働者の過半数を代表する者との書面による協定があるときは、使用者は、交代で休憩を与えることができる。

エ. 労働基準法は、休憩時間は自由に利用させなければならないと規定しているが、休憩時間の利用について事業場の規律保持上必要な制限を加えることは、休憩の目的を害（そこな）わない限り差支えないとするのが、行政解釈である。

本問は、休憩時間についての理解を問うものである。

ア 誤　り。　使用者は、労働時間が 6 時間を**超える場合**においては少なくとも 45 分の休憩時間を労働時間の途中に与えなければならない（労働基準法 34 条 1 項）。従って、本記述は誤っている。

イ 正しい。　休憩時間とは、単に作業に従事しない手待時間を含まず、労働者が権利として労働から離れることを保障する時間のことである（労働基準法 34 条、昭 22.9.13 基発 17 号）。従って、本記述は正しい。

ウ 正しい。　休憩時間は、原則として、一斉に与えなければならないが、当該事業場に労働者の過半数で組織する労働組合がある場合においてはその労働組合、労働者の過半数で組織する労働組合がない場合においては労働者の過半数を代表する者との書面による協定があるときは、使用者は、交代で休憩を与えることができる（労働基準法 34 条 2 項）。従って、本記述は正しい。

エ 正しい。　労働基準法 34 条 3 項は、休憩時間は自由に利用させなければならないと規定しているが、「休憩時間の利用について事業場の規律保持上必要な制限を加えることは、休憩の目的を害わない限り差支えない」とするのが、行政解釈である（昭 22.9.13 基発 17 号）。従って、本記述は正しい。

解答　ア

問題
100

時間外・休日労働に関する以下のアからエまでの記述のうち、最も**適切**ではないものを１つ選びなさい。

ア. 休日とは、暦日を指し、午前零時から午後 12 時までの休業とされていることから、起算点を問わない単なる 24 時間の連続休業は、休日とされない。

イ. 臨時的に限度時間を超えて時間外労働を行わなければならない特別の事情が予想される場合には、特別条項付き 36 協定を結ぶことにより、従来の限度時間を超える一定の時間を延長時間とすることができる。

ウ. 労働基準法 36 条の協定の締結・届出は、使用者に対し法定労働時間と週休制の違反を免れさせる効力を有し、かつ個々の労働者に対し協定上定められた時間外・休日労働を義務付ける効力を有する。

エ. 週休日をどの日に位置づけるかについて、労働基準法は特に義務付けておらず、休日は日曜日である必要はなく、また国民の祝祭日を休日とすることも、法は格別要請していない。

本問は、時間外・休日労働についての理解を問うものである。

ア　正しい。　休日とは、暦日を指し、午前零時から午後12時までの休業とされていることから、起算点を問わない単なる24時間の連続休業は、休日とされない（労働基準法35条1項、昭23.4.5 基発535号）。従って、本記述は正しい。

イ　正しい。　臨時的に限度時間を超えて時間外労働を行わなければならない特別の事情が予想される場合には、特別条項付き36協定を結ぶことにより、従来の限度時間を超える一定の時間を延長時間とすることができる（時間外労働の限度に関する基準3条1項）。従って、本記述は正しい。

ウ　誤　り。　労働基準法36条の協定の締結・届出は、使用者に対し法定労働時間と週休制の違反を免れさせる効力を有するが、**個々の労働者に対し協定上定められた時間外・休日労働を義務付ける効力は有しない**。個々の労働者の時間外・休日労働義務を生じさせるためには、労働契約上当該義務が認められなければならない。従って、本記述は誤っている。

エ　正しい。　週休日をどの日に位置づけるかについて、労働基準法は特に義務付けをしておらず、従って、休日は日曜日である必要はなく、国民の祝祭日を休日とすることも、法は格別要請していない。従って、本記述は正しい。

解答　ウ

問題 101

「管理監督者」に関する次の文章中の（　）に入る適切な語句の組合せを、以下のアからエまでのうち1つ選びなさい。

労働基準法41条2号に定める「管理監督者」とは、一般的には、部長、工場長等労働条件の決定その他労務管理について（　a　）の意であり、名称にとらわれず、実態に即して判断すべきものである。

管理監督者であるかの判定に当たっては、賃金等は重要な判断要素となる。この場合、定期給与である基本給、役付手当等において、（　b　）待遇がなされているか否か、ボーナス等の一時金の支給率、その算定基礎賃金等についても役付者以外の一般労働者に比し優遇措置が講じられているか否か等について留意する必要がある。

ア. a. 事業主のために行為をするすべての者　　b. 取締役に近い
イ. a. 事業主のために行為をするすべての者　　b. その地位にふさわしい
ウ. a. 経営者と一体的な立場にある者　　　　　b. その地位にふさわしい
エ. a. 経営者と一体的な立場にある者　　　　　b. 取締役に近い

解　説

本問は、管理監督者についての理解を問うものである。

労働基準法41条2号に定める「管理監督者」とは、一般的には、部長、工場長等労働条件の決定その他労務管理について（**a. 経営者と一体的な立場にある者**）の意であり、名称にとらわれず、実態に即して判断すべきものである。

管理監督者であるかの判定に当たっては、賃金等は重要な判断要素となる。この場合、定期給与である基本給、役付手当等において、（**b. その地位にふさわしい**）待遇がなされているか否か、ボーナス等の一時金の支給率、その算定基礎賃金等についても役付者以外の一般労働者に比し優遇措置が講じられているか否か等について留意する必要がある。例えば、多店舗展開する小売業、飲食業等の店舗における管理監督者が長時間労働を余儀なくされた結果、時間単価に換算した賃金額において、店舗に所属するアルバイト・パート等の賃金額に満たない場合には、管理監督者性を否定する重要な要素となる（労働基準法41条2号、S63.3.14基発150号、H20.9.9基発0909001号）。

解答　ウ

問題 102	割増賃金と割増率に関する以下のアからエまでの記述のうち、最も適切なものを 1 つ選びなさい。

ア. 使用者は、労働者に対して、深夜に労働させた場合は 3 割 5 分以上の率の割増賃金を支払わなければならない。

イ. 割増賃金の基礎となる賃金には、家族手当、通勤手当その他厚生労働省令で定める賃金を算入しなければならない。

ウ. 使用者は、労働者に対して、法定休日に労働させた場合は 2 割 5 分以上の率の割増賃金を支払わなければならない。

エ. 1 か月の合計が 60 時間を超える時間外労働が行われた場合、その 60 時間を超える時間外労働については 5 割以上の率で計算した割増賃金を支払わなければならない。

解 説

本問は、割増賃金と割増率についての理解を問うものである。

ア 誤 り。 使用者は、労働者に対して、深夜に労働させた場合は**2 割 5 分以上**の率の割増賃金を支払わなければならない（労働基準法 37 条 4 項）。従って、本記述は誤っている。

イ 誤 り。 割増賃金の基礎となる賃金には、家族手当、通勤手当その他厚生労働省令で定める賃金は**算入しない**（労働基準法 37 条 5 項）。従って、本記述は誤っている。

ウ 誤 り。 使用者は、労働者に対して、法定休日に労働させた場合は**3 割 5 分以上**の率の割増賃金を支払わなければならない（労働基準法 37 条 1 項、労働基準法 37 条 1 項の時間外及び休日の割増賃金に係る率の最低限度を定める政令）。従って、本記述は誤っている。

エ 正しい。 延長して労働させた時間が 1 か月について 60 時間を超えた場合においては、その超えた時間の労働については、通常の労働時間の賃金の計算額の 5 割以上の率で計算した割増賃金を支払わなければならない。（労働基準法 37 条 1 項ただし書）。従って、本記述は正しい。

解答	エ

問題 103

労働安全衛生法における安全衛生管理体制に関する以下のアからエまでの記述のうち、最も適切ではないものを1つ選びなさい。

ア. 常時1,000人の労働者を使用している事業場においては、事業者はその事業の実施を統括管理する者を総括安全衛生管理者に選任し、安全衛生に関する業務を統括管理させなければならない。

イ. 常時50人の労働者を使用している製造業の事業場においては、事業者は安全管理者を選任し、安全に係る技術的事項を管理させなければならない。

ウ. 常時50人の労働者を使用している事業場においては、事業者は衛生管理者を選任し、衛生に係る技術的事項を管理させなければならない。

エ. 常時300人の労働者を使用している事業場においては、事業者は省令の定める要件を備えた医師のうちから専属の産業医を選任し、その者に労働者の健康管理等を行わせなければならない。

本問は、安全衛生管理体制についての理解を問うものである。

ア　正しい。　業種の如何を問わず常時 1,000 人以上の労働者を使用している事業場においては、事業者はその事業の実施を統括管理する者を総括安全衛生管理者に選任し、安全衛生に関する業務を統括管理させなければならない（労働安全衛生法 10 条 1 項柱書、同法施行令 2 条 3 号）。従って、本記述は正しい。

イ　正しい。　常時 50 人以上の労働者を使用している製造業の事業場においては、事業者は安全管理者を選任し、安全に係る技術的事項を管理させなければならない（労働安全衛生法 11 条 1 項、同法施行令 3 条）。従って、本記述は正しい。

ウ　正しい。　業種の如何を問わず常時 50 人以上の労働者を使用している事業場においては、事業者は衛生管理者を選任し、衛生に係る技術的事項を管理させなければならない（労働安全衛生法 12 条 1 項、同法施行令 4 条）。従って、本記述は正しい。

エ　誤　り。　常時 **50 人以上**の労働者を使用している事業場においては、事業者は省令の定める要件を備えた医師のうちから産業医を選任し、その者に労働者の健康管理その他の厚生労働省令で定める事項（「労働者の健康管理等」）を行わせなければならない（労働安全衛生法 13 条 1 項、同法施行令 5 条）。さらに、常時 1,000 人以上（一定の危険有害業務を行う事業場は常時 500 人以上）の労働者を使用する事業場については、専属の産業医を選任しなければならない（労働安全衛生規則 13 条 1 項 3 号）。すなわち、常時 300 人以上の労働者を使用している事業場においては、専属の産業医を選任する必要はない。従って、本記述は誤っている。

解答　エ

問題 104

健康診断に関する以下のアからエまでの記述のうち、最も適切ではないものを1つ選びなさい。

ア. 労働者の健康管理について、事業者は、労働者に対する定期的な一般健康診断、また、一定の有害業務に従事する労働者に対しては、医師ないし歯科医師による特殊健康診断を実施しなければならない。

イ. 事業者は、健康診断の結果、特に健康の保持に努める必要があると認める労働者に対し、医師又は保健師による保健指導を行うように努めなければならない。

ウ. 健康診断の実施の事務に従事した者は、その実施に関して知り得た労働者の秘密を漏らしてはならない。

エ. 事業者には健康診断の実施義務、労働者には健康診断を受診する義務があり、これに違反した場合は、事業者、労働者共に罰則が適用される。

本問は、健康診断についての理解を問うものである。

ア 正しい。 労働者の健康管理については、事業者は、労働者に対する定期的な一般健康診断（労働安全衛生法 66 条 1 項）、また、一定の有害業務に従事する労働者に対しては、医師による特殊健康診断（同法 66 条 2 項）ないし歯科医師による特殊健康診断（同法 66 条 3 項）を実施しなければならない。従って、本記述は正しい。

イ 正しい。 事業者は、健康診断の結果、特に健康の保持に努める必要があると認める労働者に対し、医師又は保健師による保健指導を行うように努めなければならない（労働安全衛生法 66 条の 7 第 1 項）。従って、本記述は正しい。

ウ 正しい。 健康診断の実施の事務に従事した者は、その実施に関して知り得た労働者の秘密を漏らしてはならない（労働安全衛生法 104 条）。従って、本記述は正しい。

エ 誤 り。 事業者は、常時使用する労働者（特定業務従事者は除く）に対し、1 年以内ごとに 1 回、定期に一般項目について医師による健康診断（ストレスチェックを除く）を行わなければならない（労働安全衛生法 66 条 1 項、労働安全衛生規則 44 条 1 項）。これに違反した場合、50 万円以下の罰金に処せられる（労働安全衛生法 120 条）。また、健康診断を確実に実施し、労働者の健康管理をより万全に行うため、労働安全衛生法は**労働者に対して健康診断の受診義務を課しているが、罰則はない**（労働安全衛生法 66 条 5 項）。従って、本記述は誤っている。

解答 エ

問題 105 ストレスチェックに関する以下のアからエまでの記述のうち、最も<u>適切</u><u>ではない</u>ものを１つ選びなさい。

ア. ストレスチェック制度は、労働者のストレスの程度を把握し、労働者自身のストレスへの気付きを促すとともに、職場改善につなげ、働きやすい職場づくりを進めることによって、労働者がメンタルヘルス不調となることを未然に防止することを主な目的としたものである。

イ. 検査を受ける労働者について解雇、昇進又は異動に関して直接の権限を持つ監督的地位にある者は、ストレスチェックの実施の事務に従事してはならない。

ウ. ストレスチェック実施義務がある事業者は、常時使用する労働者に対し、１年以内ごとに１回、定期に、ストレスチェックを行わなければならない。

エ. ストレスチェックの対象となる労働者の要件の１つとして、その者の１週間の労働時間数が当該事業場において同種の業務に従事する通常の労働者の１週間の所定労働時間数の２分の１以上であることが挙げられる。

本問は、ストレスチェックについての理解を問うものである。

ア　正しい。　ストレスチェック制度は、労働者のストレスの程度を把握し、労働者自身のストレスへの気付きを促すとともに、職場改善につなげ、働きやすい職場づくりを進めることによって、労働者がメンタルヘルス不調となることを未然に防止することを主な目的としたものである。従って、本記述は正しい。

イ　正しい。　検査を受ける労働者について解雇、昇進又は異動に関して直接の権限を持つ監督的地位にある者は、ストレスチェックの実施の事務に従事してはならない（労働安全衛生規則 52 条の 10 第 2 項）。従って、本記述は正しい。

ウ　正しい。　ストレスチェック実施義務がある事業者は、常時使用する労働者に対し、1 年以内ごとに 1 回、定期に、ストレスチェックを行わなければならない（労働安全衛生規則 52 条の 9）。従って、本記述は正しい。

エ　誤り。　ストレスチェックの対象者となる「常時使用する労働者」とは、次のいずれの要件をも満たす者である（一般定期健康診断の対象者と同様）。
①期間の定めのない労働契約により使用される者（期間の定めのある労働契約により使用される者であって、当該契約の契約期間が 1 年以上である者並びに契約更新により 1 年以上使用されることが予定されている者及び 1 年以上引き続き使用されている者を含む。）であること。
②その者の 1 週間の労働時間数が当該事業場において同種の業務に従事する通常の労働者の 1 週間の所定労働時間数の**4 分の 3 以上**であること（H27.5.1 基発 0501 第 3 号）。従って、本記述は誤っている。

解答　エ

<table>
<tr><td>問題
106</td><td>企業が労働者に対して行う教育訓練に関する次の文章中の（　）に入る適切な語句の組合せを、以下のアからエまでのうち１つ選びなさい。</td></tr>
</table>

企業が従業員に対して行う教育訓練には、業務の遂行の過程外における（　a　）と過程内における（　b　）に大きく分けることができる。（　a　）は、座学等による教育訓練も含まれるため、法的には労働契約に基づく企業の（　c　）が根拠になると解される。これに対し、（　b　）は、企業が従業員に対し仕事をするよう命令する権利、すなわち労働契約に基づく（　d　）を根拠として行われる。

ア．a. Off-JT　　b. OJT　　c. 指揮命令権　　d. 業務命令権
イ．a. Off-JT　　b. OJT　　c. 業務命令権　　d. 指揮命令権
ウ．a. OJT　　b. Off-JT　　c. 業務命令権　　d. 指揮命令権
エ．a. OJT　　b. Off-JT　　c. 指揮命令権　　d. 業務命令権

解　説

本問は、企業が労働者に対して行う教育訓練についての理解を問うものである。

企業が従業員に対して行う教育訓練には、業務の遂行の過程外における（**a. Off-JT**）（Off-the Job Training）と過程内における（**b. OJT**）（On the Job Training）に大きく分けることができる。**Off-JT** は、座学等による教育訓練も含まれるため、法的には労働契約に基づく企業の（**c. 業務命令権**）（指揮命令権よりも広い、業務全般に関する命令を行う権利）が根拠になると解される。これに対し、**OJT** は、企業が従業員に対し仕事をするよう命令する権利、すなわち労働契約に基づく（**d. 指揮命令権**）を根拠として行われる。
（独立行政法人労働政策研究・研修機構 HP より）

解答　**イ**

問題 107	雇用保険法における教育訓練給付に関する以下のアからエまでの記述の うち、最も適切ではないものを1つ選びなさい。

ア. 教育訓練給付金の支給対象となる教育訓練は、一般教育訓練と専門実践教育訓練に区分されるが、専門実践教育訓練とは、雇用の安定及び就職の促進を図るために必要な職業に関する教育訓練のうち中長期的なキャリア形成に資する専門的かつ実践的な教育訓練として厚生労働大臣が指定する教育訓練のことである。

イ. 社会人のさらなる学びの後押しと成長分野の人材の増加をねらいとして、2018年1月以降に受講を開始する専門実践教育訓練に係る教育訓練給付金の支給率は最大5割となった。

ウ. 一般教育訓練給付金の支給対象者は、厚生労働大臣が指定する一般教育訓練講座を修了した者であるが、雇用保険の被保険者のみならず、雇用保険の被保険者であった者も対象となっている。

エ. 一般教育訓練給付金における支給額は、原則として、教育訓練施設に支払った教育訓練経費の20%に相当する額であるが、その額が10万円を超える場合は10万円とし、4千円を超えない場合は支給されない。

解　説

本問は、教育訓練給付についての理解を問うものである。

ア　正しい。 教育訓練給付金の支給対象となる教育訓練は、一般教育訓練と専門実践教育訓練に区分されるが、専門実践教育訓練とは雇用の安定及び就職の促進を図るために必要な職業に関する教育訓練のうち中長期的なキャリア形成に資する専門的かつ実践的な教育訓練として厚生労働大臣が指定する教育訓練をいう（雇用保険法施行規則 101 条の 2 の 7、平 28.4.15 厚労告 207 号）。従って、本記述は正しい。

イ　誤　り。 社会人のさらなる学びの後押しと成長分野の人材の増加をねらいとして、2018 年 1 月以降に受講を開始する専門実践教育訓練に係る教育訓練給付金の支給率は**最大 7 割**となった。（雇用保険法施行規則 101 条の 2 の 7）。従って、本記述は誤っている。

ウ　正しい。 一般教育訓練給付金の支給対象者は、支給要件を満たした雇用保険の被保険者及び雇用保険の被保険者であった者（離職日の翌日から 1 年以内に受講を開始する必要がある）であって、厚生労働大臣が指定する一般教育訓練講座を修了した者である（雇用保険法 60 条の 2）従って、本記述は正しい。

エ　正しい。 一般教育訓練給付金における支給額は、原則として、教育訓練施設に支払った教育訓練経費の 20％に相当する額となるが、その額が 10 万円を超える場合は 10 万円とし、4 千円を超えない場合は支給されない（雇用保険法施行規則 101 条の 2 の 7 から 101 条の 2 の 9）。従って、本記述は正しい。

解答　イ

問題 108　雇用保険法の求職者給付における基本手当に関する以下のアからエまでの記述のうち、最も適切ではないものを１つ選びなさい。

ア. 基本手当の支給を受けようとする者（未支給給付請求者を除く）は、管轄公共職業安定所に出頭し、離職票に本人であることを確認することができる書類を添えて提出しなければならない。

イ. 被保険者が失業したとき、離職の日以前２年間に被保険者期間が通算して６か月ある者は、特定受給資格者または特定理由離職者に該当しなくても、基本手当の受給資格を有する。

ウ. 基本手当は、受給資格者が離職後最初に公共職業安定所に出頭し、求職の申込みをした日以後、失業している日が通算して７日に満たない間は支給されないが、受給期間内に就職して新たな受給資格を取得することなく、再び失業した場合には、待期期間は不要である。

エ. 被保険者が自己の責めに帰すべき重大な理由によって解雇された場合、待期期間経過後１か月以上３か月以内の間で公共職業安定所長の定める期間は、基本手当を支給しない。

解　説

本問は、基本手当についての理解を問うものである。

ア　正しい。　基本手当の支給を受けようとする者（未支給給付請求者を除く）は、管轄公共職業安定所に出頭し、離職票に運転免許証その他の基本手当の支給を受けようとする者が本人であることを確認することができる書類（当該基本手当の支給を受けようとする者が離職票に記載された離職の理由に関し異議がある場合にあつては、当該書類及び離職の理由を証明することができる書類）を添えて提出しなければならない（雇用保険法施行規則 19 条 1 項）。従って、本記述は正しい。

イ　誤　り。　基本手当は、被保険者が失業した場合において、離職の日以前 2 年間（算定対象期間）に、被保険者期間が通算して **12 か月以上**あることが要件となる（雇用保険法 13 条 1 項）。従って、本記述は誤っている。

ウ　正しい。　基本手当は、受給資格者が離職後最初に公共職業安定所に出頭し、求職の申込みをした日以後、失業している日が通算して 7 日に満たない間は支給されないが（雇用保険法 21 条）、受給期間内に就職して新たな受給資格を取得することなく、再び失業した場合には、待期期間は不要である（行政手引 51102）。従って、本記述は正しい。

エ　正しい。　被保険者が自己の責めに帰すべき重大な理由によって解雇され、又は正当な理由がなく自己の都合によって退職した場合には、待期期間の満了後、1 か月以上 3 か月以内の間で公共職業安定所長の定める期間は、基本手当を支給しない（雇用保険法 33 条 1 項）。従って、本記述は正しい。

解答　イ

問題 109 労働協約に関する以下のアからエまでの記述のうち、最も適切ではないものを1つ選びなさい。

ア. 労働組合と使用者又はその団体との間の労働条件その他に関する労働協約は、原則として、書面に作成し、両当事者が署名し、又は記名押印することで効力を生ずるが、口頭によるものでも効力を生じ得る。

イ. 有効期間の定めのない労働協約または期間経過の後自動延長されている労働協約については、当事者の一方が、署名し、又は記名押印した文書によって90日前までに相手方に予告して、解約することができる。

ウ. 労働協約には、3年を超える有効期間の定めをすることができないが、誤って3年を超える有効期間の定めをした労働協約は、3年の有効期間の定めをしたものとみなされる。

エ. 労働組合に加入している組合員が対象である場合、その適用される労働協約に定める労働条件その他の労働者の待遇に関する基準に違反する労働契約の部分は、無効となり、この場合において無効となった部分は、労働協約の定めるところによる。

解　説

本問は、労働協約についての理解を問うものである。

ア　誤 り。 労働組合と使用者又はその団体との間の労働条件その他に関する労働協約は、書面に作成し、両当事者が**署名し、又は記名押印することによってその効力を生ずる**（労働組合法14条）。従って、本記述は誤っている。

イ　正しい。 有効期間の定めのない労働協約または期間経過の後自動延長されている労働協約については、当事者の一方が、90日前までに予告をすれば解約をすることができる（労働組合法15条3項・4項）。従って、本記述は正しい。

ウ　正しい。 労働協約は、3年を超える有効期間を定めることはできず（労働組合法15条1項）、3年を超える有効期間の定めをした労働協約は、3年の有効期間の定めをしたものとみなされる（同2項）。従って、本記述は正しい。

エ　正しい。 労働組合に加入している組合員が対象である場合、その適用される労働協約に定める労働条件その他の労働者の待遇に関する基準に違反する労働契約の部分は、無効とする。この場合において無効となった部分は、労働協約の定めるところによる。労働契約に定がない部分についても、同様とする（労働組合法16条）。従って、本記述は正しい。

解答　ア

問題 110	使用者は、事業場に労働者の過半数で組織する労働組合がない場合は、労働者の過半数を代表する者（以下過半数代表者という）との間に 36 協定などの労使協定を締結しなければならない。過半数代表者に関する以下のアからエまでの記述のうち、最も<u>適切</u>なものを 1 つ選びなさい。

ア. 労働基準法 41 条に規定する管理監督者であっても、労働基準法に定める労働者であるため、過半数代表者になることができる。

イ. 判例は、過半数代表者は、当該事業場の労働者により適法に選出されなければならないが、適法な選出といえるためには、当該事業場の労働者にとって、選出される者が労働者の過半数を代表して 36 協定を締結することの適否を判断する機会が与えられ、かつ、当該事業場の過半数の労働者がその候補者を支持していると認められる民主的な手続きがとられていることが必要になるとしている。

ウ. 過半数代表者の選出は、必ず投票券等の書面を用いた労働者による投票によって行わなければならない。

エ. 過半数代表者を選出するときの当該事業場の労働者数の算定に当たっては、パート、アルバイト等有期雇用労働者は含まれるが、休職期間中の労働者は含まれない。

解　説

本問は、過半数代表者についての理解を問うものである。

ア　誤　り。 労働基準法 41 条第 2 号に規定する**監督又は管理の地位にある者は過半数代表者になることはできない**（労働基準法 36 条 1 項、則 6 条の2 第 1 項 1 号）。従って、本記述は誤っている。

イ　正しい。 判例は、過半数代表者は、当該事業場の労働者により適法に選出されなければならないが、適法な選出といえるためには、当該事業場の労働者にとって、選出される者が労働者の過半数を代表して 36 協定を締結することの適否を判断する機会が与えられ、かつ、当該事業場の過半数の労働者がその候補者を支持していると認められる民主的な手続きがとられていることが必要になるとしている（最判平 13.6.22 トーコロ事件、昭 63.1.1 基発第 1 号参照）。従って、本記述は正しい。

ウ　誤　り。 過半数代表者の選出は、**書面による投票のほかに挙手等の方法による手続により選出することもできる**（労働基準法 36 条 1 項、則 6 条の2 第 1 項 2 号、平 11.3.31 基発 169 号）。従って、本記述は誤っている。

エ　誤　り。 過半数代表者を選出する際の当該事業場の労働者数の算定に当たっては、法第 41 条第 2 号の規定に該当する**管理監督者、病欠、出張、休職期間中等の者、パート、アルバイト等が含まれる**（労働基準法 36条 1 項、昭 46.1.18 45 基収 6206 号、昭 63.3.14 基発 150 号、平 11.3.31 基発 168 号）。従って、本記述は誤っている。

解答　イ

働き方改革検定
働き方マネージャー認定試験 公式精選過去問題集

2020 年 3 月 26 日　初版第 1 刷発行

編　者	一般財団法人 全日本情報学習振興協会
発行者	牧野常夫
発行所	一般財団法人 全日本情報学習振興協会

〒 101-0061　東京都千代田区神田三崎町 3-7-12
清話会ビル 5F
TEL：03-5276-6665

販売元　　株式会社　マイナビ出版

〒 101-0003　東京都千代田区一ツ橋 2-6-3
一ツ橋ビル 2F
TEL：0480-38-6872（注文専用ダイヤル）
03-3556-2731（販売部）
URL：http://book.mynavi.jp

DTP・印刷・製本　　大日本法令印刷株式会社

選べる！ 働き方❻検定

当協会では、「働き方改革」や「労働法」についての様々な検定試験を開催しています。「働き方改革」、「労働法」について、初級クラス・上級クラス・管理者クラスそれぞれのレベルに合わせて学ぶことができ、さらに、「ハラスメント」「ストレスチェック」の分野に特化した試験を用意しています。

◆ 今、話題になっている「働き方改革」についてどんなものなのか知りたい！

これがオススメ！

働き方マスター 試験

「働き方改革とは何か」を十分に理解することを目標とした検定試験です。そのために「働き方改革実行計画」の基本的な部分と、「働き方に関する法律」の基本的な理解を問う内容となっています。

問題数	50問程度
試験課題	働き方改革総論 労働に関する日本の現状

❓ どんな人が受験するの？

会社にお勤めの方、学生、主婦の方など幅広い方にご受験いただいております。

◆「働き方改革」とあわせて労働関連の法律についても興味がある…

そんな方にはこちら！

働き方マネージャー認定試験

「働き方改革実行計画」と「働き方に関する法律」を広く取り上げています。労働法分野の中でも、特に「働き方改革」に関する法令と条文について詳しく扱い、「働き方改革」に関係しない分野は最低限理解が必要な部分に限定しています。

問題数	70問程度
試験課題	働き方改革総論 働き方と現行の法律

❓ どんな人が受験するの？

企業の人事の方や管理職の方などをメインとして、労働関係の試験を受験しようとされてる方などが多くみられます。

◆「労働法」のスペシャリストになりたい。人事で必須の知識なので身に付けたい！

労働法のプロに！

労働法務士認定試験 LLC

本「労働法務士認定試験」は専門性の高い法令・条文を含めて、全ての労働法分野を扱う上級試験です。法務・労務・人事・総務などの方に最適な資格です。

問題数	60問程度
試験課題	労働法全般

❓ どんな人が受験するの？

企業の法務・労務・人事・総務の方や、管理職の方などに多くご受験いただいております。

◆ ハラスメント対策に必須の資格！ 相談窓口の設置が義務化！

相談員は必須　主催：日本ハラスメントカウンセラー協会

認定ハラスメント相談員Ⅰ種試験

「相談窓口の設置」と、「ハラスメント相談員（カウンセラー）の配置」は、ハラスメント防止のために、事業主が講ずべき「必須の措置」であり、ハラスメント防止の第1歩です。

しかしながら、現状では多くの企業において「適切かつ有効な実施を図る」ための相談体制は不十分と言わざるを得ません。相談員の増員と、教育、窓口の告知を徹底し、真に相談できる体制の整備を図らなければなりません。昨今問題となっている「ハラスメント」について、「ハラスメントとは何か？」と、「とるべき対策」から「実際の相談に対する対応」までを範囲とした資格試験です。

問題数	70問程度
試験課題	ハラスメントの基礎知識 相談員の実務対応

❓ これはどんな試験？

ハラスメントに対する基礎知識から、判例を基にした相談実務対応までが選択式と記述式の2種類で問われます。

◆ ハラスメントは企業に大きなリスク 未然に防止する対策が必須！

管理職は必須　主催：日本ハラスメントカウンセラー協会

ハラスメントマネージャーⅠ種認定試験

セクハラ、マタハラ、パワハラなどの職場におけるハラスメントは、企業の労務管理におけるリスクが顕在化した「企業危機」（クライシス）であり、それは、企業の有形・無形の資産、事業活動等に大きな被害・損失を与えます。

具体的に、ハラスメント事案が深刻なものであれば、被害者と加害者の間の問題にとどまらず、企業を巻き込んだ訴訟等に発展しかねません。

本試験は「人事」「総務」「営業」「企画」「法務」「労務」「CSR」「コンプライアンス」「開発」などに携わる、全国の方々にぜひとも取得してほしい試験です。

各種ハラスメントの基礎知識から管理体制の構築と防止マネジメントを行う実務能力を認定します。

問題数	70問程度
試験課題	ハラスメントの基礎知識 ハラスメント防止措置 など

❓ これはどんな試験？

ハラスメントに対する基礎知識から、判例を基にした防止実務対応までが選択式と記述式の2種類で問われます。

◆ すべての女性が輝く社会 2020年までに女性管理職を30％に

女性活躍マスター試験

日本では、少子高齢化が進み、将来的に深刻な労働力不足が懸念される中、就業を希望しているにもかかわらず多くの女性が働くことができない状況にあります。また、働いている女性の半数以上が非正規雇用などで持っている力を十分に発揮できていません。

このような状況を打開するため、政府は平成15年6月20日に男女共同参画推進本部を設立し、「社会のあらゆる分野において、2020年までに指導的地位に女性が占める割合を少なくとも30％程度とする」目標を掲げています。

本試験は、女性活躍推進のための意識改革、キャリアアップ、両立支援などを中心に取り扱う女性の活躍を応援する検定です。

問題数	70問程度
試験課題	女性活躍社会の推進 男女共同参画 など

❓ これはどんな試験？

ダイバーシティマネジメントや男女共同参画社会に関する内容が選択式で問われます。

資料請求はお電話やメールで承ります！　　一般財団法人 全日本情報学習振興協会
TEL：03-5276-0030　　Mail：joho@joho-gakushu.or.jp